艺术体育
高校学术研究论著丛刊

多元体育文化的重塑与发展审视

孙志伟 著

中国书籍出版社

图书在版编目(CIP)数据

多元体育文化的重塑与发展审视 / 孙志伟著. --北京：中国书籍出版社，2020.11

ISBN 978-7-5068-8121-0

Ⅰ.①多… Ⅱ.①孙… Ⅲ.①体育文化－研究 Ⅳ.①G80-054

中国版本图书馆 CIP 数据核字(2020)第 226626 号

多元体育文化的重塑与发展审视

孙志伟 著

丛书策划	谭 鹏 武 斌
责任编辑	吴化强
责任印制	孙马飞 马 芝
封面设计	东方美迪
出版发行	中国书籍出版社
地 址	北京市丰台区三路居路 97 号(邮编:100073)
电 话	(010)52257143(总编室) (010)52257140(发行部)
电子邮箱	eo@chinabp.com.cn
经 销	全国新华书店
印 厂	三河市德贤弘印务有限公司
开 本	710 毫米×1000 毫米 1/16
字 数	211 千字
印 张	15.25
版 次	2021 年 10 月第 1 版
印 次	2021 年 10 月第 1 次印刷
书 号	ISBN 978-7-5068-8121-0
定 价	78.00 元

版权所有 翻印必究

目 录

第一章 多元体育文化阐释 ……………………………… 1
  第一节 体育文化的概念解析 ……………………………… 1
  第二节 体育文化的特征、性质与功能 …………………… 4
  第三节 体育物质文化 ……………………………………… 14
  第四节 体育制度文化 ……………………………………… 18
  第五节 体育精神文化 ……………………………………… 20
  第六节 女性体育文化 ……………………………………… 24

第二章 体育文化的演进与发展概况 ……………………… 31
  第一节 原始体育文化的演进与发展 …………………… 31
  第二节 现代体育文化的发展 …………………………… 36
  第三节 体育文化产生的动因与发展走向 ……………… 42

第三章 中西体育文化的比较及我国体育文化的缺失 …… 51
  第一节 中西体育文明比较 ……………………………… 51
  第二节 中西体育文化特征比较 ………………………… 53
  第三节 中西体育文化差异 ……………………………… 62
  第四节 我国体育文化的缺失 …………………………… 78

第四章 体育之基础——校园体育文化发展审视 ………… 80
  第一节 校园体育文化概述 ……………………………… 80
  第二节 当前我国校园体育文化现状 …………………… 93
  第三节 我国校园体育文化的缺失及原因分析 ………… 99
  第四节 我国校园体育文化体系的构建 ………………… 103

第五章　体育之主流——竞技体育文化发展审视 …… 113
第一节　竞技体育文化概述 …… 113
第二节　竞技体育文化发展现状及存在问题分析 …… 121
第三节　竞技体育文化的发展走向与对策 …… 128

第六章　体育之盛事——奥林匹克运动文化发展审视 …… 141
第一节　奥林匹克运动概述 …… 141
第二节　奥林匹克运动产生与发展的文化动因 …… 150
第三节　奥林匹克运动发展现状分析 …… 152
第四节　现代奥林匹克运动发展前景与对策 …… 158

第七章　体育之特色——民族传统体育文化发展审视 …… 167
第一节　民族传统体育文化概述 …… 167
第二节　我国民族传统体育文化发展的现状 …… 176
第三节　我国民族传统体育文化发展前景与对策 …… 188
第四节　我国典型民族传统体育运动项目的发展 …… 200

第八章　新时期中国体育文化软实力的发展与提升 …… 212
第一节　体育文化软实力概述 …… 212
第二节　体育文化软实力的作用机制 …… 224
第三节　建立文化自觉与自信 …… 227
第四节　重建我国体育价值体系 …… 231
第五节　提升体育话语权 …… 232
第六节　发展体育文化产业 …… 233

参考文献 …… 235

第一章 多元体育文化阐释

随着现代社会的不断发展,体育文化的内容越来越丰富多彩,在竞技体育的带动下,在全民健身的背景下,体育文化逐渐渗透到社会的各个角落,深深影响着人们的日常生活。本章重点讲解体育文化的概念、特性、功能及内涵等内容,以帮助人们更加深刻地认识与了解体育文化。

第一节 体育文化的概念解析

文化可以说是人类社会的一个重要符号,是构成人们生活的不可缺少的重要元素,整个人类社会与文化之间有着非常密切的联系,同时又相互独立、共同发展。文化系统主要由社会制度、社会结构、社会关系等因素组成,它对社会的发展起着重要的推动作用。作为社会文化的重要内容,体育文化在人们日常生活中的地位也越来越高,体育逐渐成为人们的一种生活方式,对人们的生活、学习和工作都产生非常重要的影响。

一、文化的概念

关于"文化"的概念探讨,古今中外不同学者有不同描述。
在西方国家,称"文化",有德文"Kuhur",英法文"Culture",拉丁语"Cuhura",意为"耕作、教育、发展"。英国学者爱德华·泰勒最早对"文化"进行界定,指出"文化"是"社会成员的人所习得的包括知识、信仰、艺术、道德、法律、习俗以及任何其他能力和习惯的复合体"。美国学者克莱德·克拉克认为,文化属性表现如下。

(1)民族的生活方式的总和。

(2)人类思维、情感和信仰的方式。

(3)人类行为的抽象概括。

(4)关于人类群体行为方式的理论。

(5)各种有益学识的综合。

(6)人与环境、人与人的相处技术。

(7)机体标准化的认知取向。

(8)一种习得行为。

(9)一种行为规范约束机制。

(10)历史积淀物。

(11)社会遗产。

在我国,"文化"一词最早见于《周礼》中:"观乎人文以化成天下"。《易经》中对"文化"的解释为"刚柔交错,天文也。文明以止,人文也。关乎天文,以察时变。关乎人文,以化成天下"。这是我国古代封建王朝所施的文治和教化的总称。现代意义上的"文化",以《辞海》的解释为准,指"人类社会历史实践过程中所创造的物质财富和精神财富的总和"。

二、体育文化的界定

体育文化这一概念历经了较长时期的发展,经过专家及学者的广泛探讨与研究,才达成了一定的共识。简单来说,体育文化就是一种利用身体锻炼来提高人的生物学与社会学发展的一种文化现象,这一文化现象时时刻刻充斥在人类社会之中,发挥着巨大的作用。

体育文化有着丰富的内涵,与一般的文化现象一样,体育文化也包括物质文化、制度文化、精神文化和行为文化等方面的内容。其中,物质文化是重要的基础和载体,如篮球场、各种运动服装与设备等都属于这一范畴。体育制度文化主要是指为促进体育文化发展而制定的各种文件和章程,在这一制度保障下,体育文化才能获得持续健康的发展。体育精神文化则属于人们体育价值观念以及体育心理倾向各方面的综合表现,是体育文化的重要内核。体育行为文化是指人们为实现某种体育目标而进行的各种活动。这几个方面都是体育文化的重要组成部分,缺一不可。实际上,在具体的生活中,一种体育物质产品也涵盖着体育文化的这几个层面,如某学生在运动会上取得了优异的比赛成绩,因此受到一定的表彰,获得了一件运动服。体育的精神文化就表现在颁奖方面,是对学生体育精神的一种肯定;体育行为文化则体现为对学生行为的认可;体育物质文化则更为明显,表现为学生获得奖励、奖牌或运动服。需要注意的是,不论是哪一种要素,都非常重要,体育文化系统不能脱离任何一项要素而存在,这四个要素之间的联系非常密切,共同推动着体育文化的发展。

三、体育文化的内涵

通过上面对体育文化的了解,我们可以发现体育文化的内涵非常丰富,体育物质文化、体育制度文化、体育精神文化是其重要的内容组成,三者之间不能独立存在,是相互联系在一起的,只有彼此间相互联系才能获得健康发展。它主要包含以下几个方面的意义(图1-1)。

具体而言,体育文化的意义主要体现在以下几个方面。

(1)体育运动属于一种文化现象,应当作一项社会文化进行研究。

(2)体育运动与文化之间的关系非常密切,二者相互影响,共同发展。

(3)确定体育在人类文化中的地位。

(4)研究体育文化塑造与发展的过程。

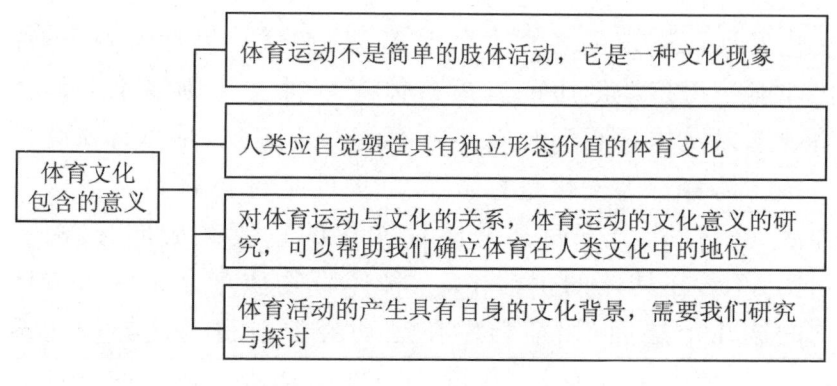

```
体育文化
包含的意义
├── 体育运动不是简单的肢体活动，它是一种文化现象
├── 人类应自觉塑造具有独立形态价值的体育文化
├── 对体育运动与文化的关系，体育运动的文化意义的研究，可以帮助我们确立体育在人类文化中的地位
└── 体育活动的产生具有自身的文化背景，需要我们研究与探讨
```

图 1-1　体育文化的内涵

体育运动有着非常悠久的历史，发展至今，已成为一种重要的文化现象，在人们的日常生活中扮演着十分重要的角色。总的来看，体育文化的内涵与属性主要体现在以下几个方面。

（1）体育是以身体为载体的一种活动，通过这一形式，人的自然价值和社会价值都得以实现并获得逐步发展。

（2）体育运动是由人类所创造的非遗传性活动，这一活动不仅仅是简单的肢体活动，更是对人类思维方式的表达和传递。

（3）在历史发展的长河中，体育文化历来都发挥着不可磨灭的作用，其发展呈现出一定的时代性、民族性、传承性等特点，不断推动着人类社会文化的发展。

（4）体育文化的内涵非常丰富，其中蕴藏着深厚的价值观念、意识形态等内容，具有其他文化无可比拟的优势。

第二节　体育文化的特征、性质与功能

一、体育文化的特征

发展至今，体育文化的内容越来越丰富，其特点也越来越鲜明和多样，体育文化的多样性特征主要体现在以下方面。

(一)主客体同一性

主客体同一性是体育文化的一个重要特征。人们参加体育运动的主要目的在于增强体质,愉悦身心。体育运动的这种改造人身心的行为充满了自我超越的色彩。纵观整个体育竞技运动的发展史,高难度的训练给运动员带来了较大的身心摧残,但这也同时推动了竞技体育的向前发展。

体育文化属于文化的一种重要形式,其作用对象是人,而人则具有自然与社会两种属性,人们在参加体育活动的过程中体现出人的活动主体与客体的同一性,这就是体育文化最为基本的特征之一。

与其他社会文化现象不同,体育文化主要以身体运动为表现形式,人们在参与体育文化活动的过程中,身心能得到改造、获得发展,这就是体育文化活动的重要内容。但是,在某些情况下,如果运动不当会给人的身心带来一定的不利影响。如运动员过于追求成绩而采用高强度不合理的训练手段,采用不符合运动员年龄的训练方法等,这些都会严重影响到运动员的运动寿命,甚至是身体健康。因此,我们应尽可能减少摧残运动员身心的行为,采用科学的训练手段与方法来提高运动员的运动能力,将体育文化的发展导向科学合理的轨道上来。另外,作为一名体育事业工作者,也要本着积极向上的心态和饱满的热情投入到工作之中,实现自己的人生价值。

(二)超越性和竞争性

体育运动存在的历史非常久远,在长期的发展中,始终存在着竞争与超越,竞争与超越可以说是体育运动的一个非常重要的特征。

体育文化属于一种身体动作文化,在各种各样的体育比赛中,运动员通过技艺的展示与对抗来获取比赛的胜利。这使得体育运动充满了竞争性。综观当今体育竞赛的形式,可以将体育比赛分为直接对抗、非直接对抗和不同场比赛三种类型。但是,不论哪一种类型,都体现出体育运动重要的对抗与竞争性特点。目前,体育运动形式越来越丰富,通过各种高科技手段的利用,竞赛竞争也越来越激烈,随着时代的不断发展,这一现象将继续延续下去,尽管如此,其仍然具有较强的竞争性特点。由此可见,体育文化表现出强烈的超越性与竞争性特征。

(三)亲和性

体育文化属于一种重要的社会文化现象,发展至今成为人们日常生活的重要内容,在人们的生活中扮演着越来越重要的角色。之所以如此,这与体育文化的亲和性特征是分不开的。随着时间的不断发展,体育也成为一种全球性的社会文化现象。总之,体育文化之所以能得到人们的认可并获得持续发展,其中一个很重要的原因就在于它具有重要的亲和性特征。

体育文化的亲和性具有非常重要的作用,它能激发人的灵感,实现社会化的激励、教育等作用,除此之外,通过体育文化,人的社会价值也得以实现。由此可见,体育文化对于人们的重要意义。人类社会在发展的过程中难免会发生一定的冲突和战争,这是不可避免的。而体育作为一种重要的社会文化现象,在人类战争中曾扮演过"和平使者"的角色,历史上在奥运会举办期间,曾经有过各国家停战的协定。这在一定程度上表明体育具有消解人类社会负面和消极因素的重要意义。除此之外,人们在参加各种体育活动或运动员在比赛中也能建立彼此之间的友谊,这些都是体育文化亲和性特征的具体体现。

(四)身体表征性和传承性

体育文化一个非常重要的特征就是身体的表征性与传承性。这一特征在我国民族传统体育文化中就得到了深刻的体现。由于运动方式的不同,人们在运动的过程中会呈现出不同的身体形态。比如,游牧民族以骑马为代步工具,在长期的骑马生活中逐渐形成了一种肩部比较松弛的形态。这就是体育运动身体表征性的一种表现。

除了身体传承之外，语言传承也是一种非常重要的方式，而表现在体育运动中，运动员的各种身体姿态、技巧等就像语言一样起着传承的作用，这是体育文化的一种很重要的交际功能。观众通过观看体育比赛，能从中领悟到许多深刻的东西，这与体育文化的身体表征与传承功能有着极为密切的关系。因此说体育文化具有明显的身体表征性和传承性的特点。

(五)从属性

体育文化在发展的过程中会受到各种因素的制约和影响，因此表现出突出的从属性特征。影响体育文化发展的因素主要有政治、经济、军事、宗教等文化形态，正是这些文化形态因素与体育文化之间的相互关系才导致了体育文化具有社会操作的从属性特征。

在某些情况下，体育文化的这一从属性特征发挥了非常关键的作用。如众所周知的中美"乒乓外交"就是体育文化从属性特征的重要表现。因此，我们要高度重视体育文化的从属性这一特征，加强体育文化更深一层次的研究，从而推动体育运动与现代社会的健康发展。

二、体育文化的性质

(一)普遍性

作为人类社会的一种重要的文化现象，体育文化自然也具有普遍性这一性质。在这一特性之下，突出表现为不同阶级呈现出不同的体育文化形态与思维，都有自己相对独立的体育文化形式和思想。在原始社会时期，社会没有阶级分层，人人都有参与体育运动的权利，可以参与体育的生产与分配。而在阶级社会，统治阶级拥有了体育文化的支配权,某种程度上而言主宰着体育文化的发展。但是,尽管如此,不同阶级、不同地位的人也可以拥有自己的体育生活形式,目前体育也成为人们的一种重要的生活方式。由此可见,体育文化呈现出明显的普遍性。

(二)阶级性

马克思认为:"一个阶级是社会上占统治地位的物质力量,同时也是社会上占统治地位的精神力量。支配物质生产资料的阶级,同时也支配着精神生产的资料,因此,那些没有精神生产资料的人的思想,一般地是受统治阶级支配的。"[1]纵观人类发展的历史,体育文化的支配权主要经过了奴隶主、封建贵族和近代资产阶级三个统治阶级,每一个阶段都呈现出鲜明的阶级性。

在奴隶社会和封建社会时期,当时的统治阶级普遍享有体育特权,人民群众的体育活动受到统治阶级的支配。如朱元璋曾经对民间下棋和踢球有过禁令,埃及法老也有百姓不准射杀狮子的禁令,而统治阶级则可以参加这些活动,这就说明体育文化具有一定的阶级性。

(三)科学性

人体是一个具有客观性和规律性的物质存在物,自身的发展需要遵循一定的客观规律,否则就容易误入歧途,出现各种各样的问题。体育文化的发展同样如此。一个运动项目从诞生到进入高度化发展阶段,如果不遵循人体运动规律,不以相关的理论为基础进行发展,是难以实现长久持续发展目标的。各类竞技体育运动的发展就是一个鲜活的例子。田径、各种球类运动之所以发展到现今这一水平,与体育运动理论的发展,与各种高科技手段的引进和利用是分不开的,这充分表明科学性是体育文化的一个重要特性。除此之外,近年来我国引进了大量先进的科学训练

---

[1] 易剑东. 体育文化学[M]. 北京:北京体育大学出版社,2006.

方法和手段,促使我国竞技体育更上一层楼。这是体育文化科学性这一特征所带来的益处。

(四)民族性

体育文化的民族性是指一个民族在历史上由于生存环境、生存区域、生产和生活方式、文化积累和传播等的不同而导致产生不同于其他民族的体育文化。具体来看,体育文化的民族性是建立在一定的社会历史基础之上的,这是因为同样的地域空间也会有相同的体育文化存在,不同的地理环境只是间接地影响不同民族的体育文化,这种影响作用越到发达社会越不明显。比如,以欧美体育为代表的西方体育文化,因人种复杂、变迁多,性格外向,思想活跃,追求个性解放,故擅长像拳击、橄榄球等身体接触激烈的体育项目;以中华体育为代表的东方体育文化,因地理环境和多民族的特点,加上深受封建阶级统治思想的影响,一般比较擅长体操、跳水、乒乓球等对抗性偏弱的运动项目。这与历史风俗和习惯是分不开的。

民族的语言、心理、性格以及在此基础上形成的体育文化模式是体育文化民族性的核心内容。不同的语言、心理、性格导致生活方式和体育文化的差异,这些差异又内化于民族的心理和性格等因素中,固化了体育文化的民族性。

任何民族传统体育文化都不是一蹴而就的,都需要经过长期的发展和演变。一个民族体育项目都是在固定的地域内逐步发展起来的。从这个意义上来讲,任何体育文化都具有民族性的特点。但是,一个民族的体育文化发展到一定阶段,必然要突破牢笼向外部扩散,这就增加了同其他民族体育文化接触的可能性,二者之间的交流也越来越频繁。但不论如何变化,民族性始终都是体育文化的一个重要特性。

(五)继承性

体育文化的继承性是指体育文化经过不同时代仍然保留着

原有某些特质的属性。与其他文化形态一样,体育文化也具有通过语言、图像、文字等媒体在人们的意识领域和社会价值体系中传承的特性。当然,体育文化由于以身体动作为基本形式,因此身体是其主要传承形式,而依附于体育文化之上的独有的语言和文字也具有强大的传承功能。正因如此,体育文化才具有继承性的特质。

(六)地域性

地域性也是体育文化的一个重要特性。这突出表现为不同地域的体育文化呈现出与众不同的特色,有自身一套独特的文化发展体系。世界各个国家或民族的体育文化都存在着较大的不同,呈现出各自鲜明的特征。无论是原始社会,还是封建社会,以及现今的资本主义和社会主义社会,各个国家和地区的体育文化都呈现出鲜明的地域性特质。由此可见,体育文化受地域因素的影响是非常大的。与中国的地大物博不同,欧洲资本主义国家的体育文化受地域的影响较小,但也会受其影响。如美国的棒球和橄榄球,挪威冰雪运动等都是在不同的自然环境和地域下形成的特色化体育运动。

(七)世界性

世界性也是体育文化的一个重要特质。也就是说,各个国家或地区的体育文化无论如何发展,整体上而言都是属于世界的,与世界发生着一定的关联,并不是孤立存在的。发展至今,全球一体化发展的趋势越来越明显,在体育领域也是如此。通过体育文化的发展,世界各个国家能走到一起,相互沟通与交流,实现体育全球化发展的目标。如今,体育的竞技化、市场化、产业化发展成为各个国家的共同追求,充分彰显出体育文化世界性的特质。

(八)时代性

任何事物都是处于不断的变化和发展中的,在不同的时代呈现出不同的特点和风格,体育文化也自然具有时代性这一特质。体育文化的时代性是指体育文化随时代的变迁而不断发展变化的特征,造成体育文化时代特性的主要原因是生产力发展具有阶段性的特点。

体育文化的内涵及层面非常丰富,发展至今,体育文化在物质层面、制度层面和精神行为层面都获得了快速的发展,这三个层面相互联系,共同促进着彼此间的发展,在不同的历史时期,这三个方面都呈现出不同的发展形态。因此没有一个特定的标准来衡量体育文化。我们在评价体育文化时,必须站在历史的角度审视问题,既要看到其进步性,又要看到其时代的局限性。如唐朝与汉朝的人体健美观不同,前者"以肥为美",后者"以瘦为美",这导致了两个时代体育文化的差异。因此说,时代性是体育文化的一个重要的特质。

(九)永恒性

永恒性也是体育文化的一个重要特质。在人类社会发展的早期,体育运动就有了萌芽并开始获得多方面的进步,历经各个时期的发展,体育文化才呈现出如今的形态。体育文化持续不断发展的一个原因就在于它具有永恒性的发展特性。上面讲到体育文化具有时代性特质,它与永恒性是体育文化的两个重要特性,可以说,在不同的时代体育文化都获得了一定时期内的永恒发展。总之,体育文化之所以获得了永恒性的发展,这与人类体育文化发展有着共同的热爱和普遍的追求,关系密切。这就是体育文化永恒性的具体表现。

三、体育文化的功能

随着现代社会的日益更新与发展,体育文化的内涵更加丰富,其在整个社会中的地位也越来越高。体育文化的作用也越来越明显,促进人的全面发展成为新时期体育文化的一个重要功能。可以说,体育文化以其独特的功能和内涵,在整个人类社会中扮演着越来越重要的角色。如今,体育文化深深影响着人们的日常生活,体育已渗透进社会的每个角落,促进着人的全面、和谐发展,这也是体育文化的主要目的。具体而言,体育文化的功能主要表现在以下几个方面。

(一)教育功能

在体育文化发展的过程中,它对整个人类社会文化都产生了极为重要的影响。体育是以人体运动为载体的一个社会文化现象,人们在参加各种体育活动的过程中能获得身心全面的发展,这是其他文化现象所不具备的。由此可见,体育文化具有与众不同的教育功能,它属于现代教育的重要内容。通过体育教育,不仅能增强人的体质,掌握运动技能,还能很好地培养人们参加体育运动的兴趣和习惯,以及人们良好的竞争意识,从而提高人们的综合素质。

发展到现在,体育文化的形式和内容都越来越丰富,其教育功能与价值也越来越显著。如在人的成长过程中,从最初的坐、爬、站立,到后来的走、跑、跳等;从身体素质的提高到各种运动技能的掌握,体育教育都在其中起着非常重要的作用。可以说,人在成长的过程中,无不与体育教育息息相关,因此说教育功能是体育文化的一个重要功能。

(二)调节功能

发展至今,体育文化已逐渐成为社会的主流文化,在人们的日常生活中扮演着越来越重要的角色,可以说人们已经离不开体育文化。之所以如此,其中一个重要的原因就在于体育文化具有重要的调节功能,能对人们的各种社会行为和习惯产生重要的调节作用。生活在社会上,人们都持有不同的观念和意见,而通过体育文化,具有不同价值观念的人可以凝聚在一起共同参加某一项体育运动,在运动中增进彼此的交流,从而实现合作与发展。

除此之外,通过体育文化的调节功能,人们的各种不良社会行为也能得到一定程度的抑制,这对于社会的和谐稳定发展具有重要的意义和作用。

(三)凝聚功能

凝聚功能也是体育文化的一个重要功能,它也是体育文化功能的重要部分。体育文化建设的目标就是建立一个团结的氛围,谋求更大的发展。体育文化可以将不同区域、不同信仰、不同价值观念的人凝聚在一起,通过交流与合作,获得更好的发展。

发展到现在,各种类型的运动会越来越多,这为全世界人民的相互沟通与交流提供了良好的途径。如足球世界杯、奥运会等大型世界性的体育赛事,将不同国家、不同地区、不同信仰的人集合在一起,朝着共同的目标努力和前进,形成了一种世界人民大团结的景象,对维护世界和平发挥了重大的作用。

另外,体育文化还具有多层次性的特点,相同的体育文化内容会吸引"志同道合"的人前来参与,共同推动着社会文化的进步与发展。

(四)创新功能

发展到现在,体育文化的内容体系越来越丰富,其发展不是闭塞的,需要加强不同文化的沟通与交流才能获得健康、可持续发展,要想实现这一目标,借鉴和参考其他先进的文化是尤为必要的。纵观体育文化的发展历程,正是其在不断与其他文化融合的过程中才获得进一步发展的。

由此可见,创新也是体育文化的一个非常重要的功能。要想推动体育文化的进一步发展,除了加强体育运动本身的发展之外,还要积极主动地吸收与借鉴其他国家或地区的先进文化,加强融合与创新,这样才能促进我国体育文化的健康持续发展。

总体而言,体育文化的创新主要体现在两个方面:一方面,通过体育文化的创新培养出大批高素质的具有创新活力的人才;另一方面,体育文化逐渐成为促进文化变革与发展的一个重要渠道。加强体育文化的创新不论是对于体育事业还是整个社会文化的发展都具有重要的意义。

(五)文化传播功能

体育文化有着显著的文化特征,这一特征主要体现在其鲜明的象征性、浓郁的艺术性及丰富的内涵上。体育文化赖以发展的一个重要手段就在于扩展和传承,由此可见,文化传播也是体育文化的一个重要功能。

体育文化的扩展是指文化在空间伸展的蔓延性。其特性主要表现为:体育文化可以在社会各群体和个体之间相互传播,也可以在国家与国家之间、民族和民族之间传播,其传播的范围非常广泛。

传承性是体育文化的一个重要功能,我们所探讨的传承性主要是指时间上的传承。体育文化之所以发展到现在而生生不息,其中一个非常重要的原因就在于其传承的功能。通过体育文化的传播功能,各种形态的体育文化才得以保留,在各个历史时期都获得了一定的发展。总之,体育文化的扩展和传承是体育文化传播功能的两种具体形式,在体育文化发展的过程中,这两种形式广泛存在。

第三节 体育物质文化

一、体育物质文化的分类

体育物质文化是指人们以体育为目的或在体育中的活动方式及其物质形态。一般来说,我们可以将体育物质文化分为体育活动方式,体育器材和场地设施,各种体育文化典籍,以及体育思想物化品四个部分。这四个部分是体育物质文化的主要内容。

(一)体育活动方式

在人类社会发展的过程中,离不开各种运动方式的存在,各种农业和工业的劳动动作,都是人们满足基本生活的活动方式。我们平时所参加的各种体育活动是一种促进身心健康的方式。随着人类社会的不断发展,体育活动方式也越来越多,不断满足着人们的身体和精神需求。尤其是在当今全民健身的背景下,处处可见人们跑步、打篮球、打羽毛球等的身影,另外,观看各类体育赛事也是一种重要的体育活动方式,能满足人们的精神文化需求。

(二)体育器材和场地设施

体育器材、体育场地及相关的设施、设备等是最为明显的体育物质文化的内容,这些内容是人们参加体育运动的重要载体和基础,没有了体育物质文化内容,各种体育活动也就无法存在。

例如,我国丰富多彩的民族传统体育运动项目,每个项目都会涉及和使用到至少两三个体育运动器材与设备,这些运动器材集合了无数人的智慧,是从古至今的人类智慧结晶,是文化的活化石。例如,风筝是中国古代重要的发明之一,在中国社会中非常普遍,最有特点的当属潍坊、北京等地的风筝。不同地区的风筝各有特色、构造多样,拔高了风筝的文艺水平。

龙舟竞渡中的龙舟,由船体、龙头、龙尾以及装饰和锣鼓组成,龙头大多用整木雕刻,竞渡前装上,广州龙头大多是红色称为红龙;湖南龙头上唇部向上翘起;贵州龙头用水柳木雕刻而成,重达一二百斤。龙尾大多用整木雕刻而成,刻满了鳞片,龙舟的装饰包括旗帜、船体上的绘画等,龙舟上的装饰各地也不同。

随着现代社会的不断发展,以及人们对于高层次精神的追求,为满足这一需求,人们必须要具备充足的创造力,因此这也推动着体育器材和场地设施的发展。

(三)各种体育文化典籍

在人类社会的发展过程中,人类不同的文化被以各种内容与形式记录下来,如文字、图画、雕刻等,其中,人类的文字产生是人类社会文明进步的重要表现,通过文字,人们能了解之前的人类社会文化活动与文化现象,文字使人能更加直观地了解历史中所发生的各种事件,了解自我发展的文化史。

就我国传统体育的发展来说,涉及传统体育内容的文化典籍,对于现当代人了解某一种体育运动项目和体育文化现象的历史发展具有重要意义。

传统体育文化典籍还为人与人之间,世代直接经验传承与学习传统体育知识、技能提供了直观参考,使传统体育能延续、保留至今。

自古迄今,关于传统体育的文献非常多,到了近现代,相关史料更是多如牛毛,有专著、论文、图谱,还有史料和地方志,这是传统体育研究的珍贵文献。总之,这些体育文化典籍也属于体育物质文化的重要内容。

(四)关于体育发展所创造并形成物质的各种思想物化品

在体育物质文化中,除了体育场地、体育设施这些实物之外,还有一部分是创造并形成物质的各种思想物化品,这一部分也是体育物质文化中最高层次的部分。如体育制度、体育竞赛规则、体育歌曲、比赛视频等都属于这一方面的内容。

总之,体育物质文化的内容非常丰富,它不仅包括体育场地、体育设施、各种体育器材与设备等实物,还包括具有深刻思想内涵的物质成果。一个国家的体育物质文化能在一定程度上反映出体育运动的水平,同时也反映了社会生产力水平,因此加强体育文化的建设是非常重要的。无论在何时,都不能忽略了体育物质文化建设与发展。

二、体育物质文化的特性

以上我们已经说过,体育物质文化具有形态的物质性、功能的基础性和表现的易显性等特点,下面做出具体的分析。

(一)形态的物质性

形态的物质性是体育物质文化的一个最为重要的特性,也是区分其他体育文化形态的一个重要标志。如我们经常看到的体育场馆、体育器材设备等属于这一层次的内容,这些内容就属于物质的而非精神的。具体而言,一个篮球馆,属于体育物质文化,但是其中也蕴含着某些体育精神,但篮球馆始终是物质的而不是精神的。这一点要搞明白。

(二)功能的基础性

物质文化、精神文化和制度文化是体育文化的三个层次,正是在这三个层次内容的推动下,体育文化才得以形成与发展。其中物质文化是体育文化发展的重要基础,没有了物质文化也就没有了精神文化与制度文化,体育文化现象也便无法存在。这就是体育文化功能的基础性的重要体现。

(三)表现的易显性

物质是人们最容易看到的事物,如一块田径场、一个篮球、一个网球拍等,体育文化首先就在这些方面得到了重要的体现,这主要是因为体育物质文化与社会生产力要素之间的关系最为密切,同时体育物质文化也处于体育文化的最表层,是其他文化层次的重要基础。这就是体育文化表现易显性的深刻体现。

第四节 体育制度文化

一、体育制度文化的分类

体育制度文化是体育文化的一个重要形态。在人类社会发展的早期,体育制度还比较欠缺,整个体育文化还处于一个比较散漫发展的状态。但随着时代的不断发展,体育制度文化内容也越来越丰富。具体而言,体育制度文化主要包括以下内容。

(一)各种体育组织机构

体育运动是一个大而复杂的系统,系统内涵盖的要素众多,正是在这些要素的相互配合与协作下,体育运动才得以健康持续地发展。在体育系统中,体育组织机构起着至关重要的作用,在一定程度上推动着体育文化的可持续发展。在当今社会背景下,人们要想参加各种社会活动必须要有一定的组织机构,否则就无法进行。在体育活动中也是如此,体育活动属于人类改造自身、促进社会发展的活动,其发展离不开运动竞赛组织、各种官方或民间的体育组织等机构,这些组织机构都属于体育制度文化的重要组成部分。

体育组织机构的建立首先要做好充分的调查,要结合当时的社会背景,深入了解某项活动成立组织机构的重要性、必要性及其需求,这样才能设置具有针对性的体育组织机构,才能保证体育活动的顺利开展,从而促进整个体育文化的发展。

(二)人的角色、地位以及各种体育活动的组织形式

在社会上,人们扮演着各种各样的角色,这些角色不仅是由人的能力差异决定的,也是基于各种社会活动组织形式的需要。对于体育运动而言也是如此,如比赛裁判、教练员、运动员等角色

和各种比赛赛制等都属于体育制度文化的重要内容。一名运动员在比赛场上是运动员,在家庭中则扮演子女、父母等角色,这些角色不能独立存在,只有在一定的组织形式的制约下才能实现其功能。与一般的角色相比,运动场上的角色具有更大自由性和灵活性,如足球比赛中,一方运动员因为受伤而下场,可以被替换,一方门将被罚下,可以由其他队员替代,这些角色的转换充分表明体育运动中运动员角色转换的自由性。

但需要注意的是,运动员在比赛场上,其角色区分和变化需要有一定的原则,如技艺不高或号召力不强的运动员难以承担队长的角色。某些比赛制度在某种特殊情况下会因为参赛队伍的变更而有所改变,但大多数时候都是稳定的。

(三)各种体育原则及体育制度等

大量的实践与事实表明,各种体育组织机构、体育组织制度等都是推动体育文化发展的重要因素,正因如此,体育运动团体才能获得健康顺利的发展。

各种体育制度、体育组织机构等是在长期的体育实践过程中逐步建立和形成的,如运动训练管理制度、运动竞赛制度等。这些制度能保证体育赛事活动良好的运行。因此,要想保证体育赛事活动的顺利进行,建立一个健全和完善的体育体制是尤为重要的。为促进我国体育文化的发展,我们要从改革这一层次入手,时刻做好体制转换和机制转轨的工作,要做好处理各种困难问题的准备。

在体育文化系统中,体育制度文化与体育物质文化、体育精神文化有着很大的不同,伴随着体育运动的不断发展,体育制度文化内容也越来越丰富。如影响力巨大的奥运会,足球世界杯等,参与这些赛事活动的人越来越多,受到整个世界的极大关注,这表明体育制度文化具有极大的丰富性和影响力。

二、体育制度文化的特性

一般来说,体育制度文化主要具有以下几个方面的特性。

(一)连续性特点

体育制度文化的内容非常丰富,这些内容会随着体育运动的发展而发展,其中一些重要的内容会得到不断的传承,如古代奥运会中的一些比赛规则,至今还能见到其中的影子;足球比赛中的越位规则是一项伟大的发明,一直沿用至今。

(二)内化性特点

在体育运动中,某些体育制度文化可以内化深入个人的意识,促使人们产生积极的自觉行为。如在足球比赛中,一方球员受伤倒地,对方将球踢出场地,在受伤队员返回场地后主动将球送回对方。这就是体育制度文化的内化性表现。

(三)时代性特点

体育制度文化有很多层次,其中最高层次受政权机构和社会制度的影响最大,在政权机构及社会制度的变更下,这些制度文化也会因此而发生变化。由此可见,体育制度文化体现出重要的阶级性特点。如职业体育俱乐部就是资本主义的产物,它随着资本主义的发展而不断发展。

(四)俗成性特点

约定俗成性也是体育制度文化的一个重要特点,这种特点主要是在人民群众中约定俗成的,参加各种体育活动的人群是集体无意识的。如各种民俗体育活动大多就是约定俗成性的。

第五节 体育精神文化

精神文化是一种非常重要的文化,在人类社会的发展过程中起到重要的社会推动作用。体育文化可以说是一种超越性的文化,其文化内涵存在于更深层次的精神层面。

一般来说,体育文化的精神性主要包括以下几个方面的内容。

(1)哲学思想。

(2)社会伦理道德规范。

(3)民族意识。

(4)民族文化心理。

(5)民族审美心理。

(6)民族性格与品质。

(7)民族历史文化。

(8)民族世界观与价值观。

(9)民族宗教信仰等。

体育的精神文化是民族性格、民族心理、民族情感、民族精神等文化精神层面的内涵在体育运动中的深刻体现,通过参与各种形式的体育运动,领会和感悟体育运动中蕴藏的民族精神,能有效提高民族凝聚力、增强民族自豪感。

一、体育精神文化分类

体育精神文化是人类围绕体育或依托体育而改造主观世界的活动方式及其全部产物。总的来说,体育精神文化主要有以下几个部分。

(一)思想观念及理论体系

人们参加任何活动都会受到一定的约束和限制,在参加活动的过程中会受到一定思想观念的指引,体育学科就是在这样的思想观念指引下形成的。如体育经济学研究体育经济现象及规律;体育史学揭示人类体育运动的发展历程与规律;体育社会学阐释体育与人类社会的各种关系等。以上这些都属于体育精神文化的重要内容,对人们认识与了解体育具有重要的意义和作用。

(二)物质内涵和行为准则

俗话说"无规矩不成方圆",人们参加任何体育运动都需要遵循运动的基本规律和比赛规则,否则就会受到一定的"惩罚"。体育精神文化本身属于一种身体活动行为,它与体育文化的另外两种形态之间的关系非常密切。如体育服装、体育选材等都属于这一层次的体育精神文化,三者之间有着非常微妙的关系。如一件运动服装,我们在谈论它的质地、颜色时,主要涉及体育物质文化层面,而谈论体育服装的审美时,涉及的则是体育精神文化。当在谈论穿着这件运动服装进行运动训练时,其外在的运动形式涉及的是体育物质文化;而当探讨训练方式与沟通手段时,涉及的则是体育制度文化。由此可见,体育文化的三个层面的关系非常复杂且微妙,需要具体问题具体分析。

(三)各种想法和打算

物质文化和精神文化属于同一等级的关系,在人类社会发展中都起到至关重要的作用。但是,他们在改造人的主观世界的过程中有着较大的差异。文学和艺术属于精神文化的重要内容,这些内容源于人类对精神世界的需求,属于意识形态领域的文化,改造着人们的精神与思想观念。而在传统的思想观念下,体育文化则不被认为具有精神意识的作用,但随着现代社会的发展,人们对事物的认识更加深刻和透彻,人们逐渐认识到体育文化也同样具有改造人类主观世界的重要作用。因此,体育道德、体育思想等体育精神文化都能通过体育这一形式改造人们的精神世界,对推动体育文化的发展具有十分重要的意义。

(四)体育艺术文化

在整个人类社会中,人们认识与改造世界,不能只靠物质和精神这两种形式,还有精神物化的产物。这些精神物化的产物与人类的情感之间的联系非常密切。如体育小说、体育电影等都归属于体育精神文化的范畴。这些事物涉及的主要是它的精神文化层面。

综上所述,体育精神文化是指体育活动中依附的科学、心理、道德规范、哲学、审美观念、文学艺术等思想意识形态的总称。

在整个体育文化体系中,体育道德、体育科学、体育哲学、体育艺术等都属于人们意识形态的反映,属于体育精神文化的重要组成部分。如传统武术号召人们修身养性,就属于体育精神文化的具体体现。

二、体育精神文化的特性

(一)沟通性特点

众所周知,体育文化的传承与发展需要一定的途径,其中笔录书写、语言交流都是常见的方式。随着现代社会的不断发展,多媒体传播途径利用也越来越普遍。体育文化在传播的过程中,在很大程度上是传导体育主体精神和意识,这是体育精神文化发挥功用的重要方式之一,也是体育精神文化沟通性特点的具体体现。

(二)内视性特点

在体育运动领域,人们对不同的体育文化有着独特的见解与看法,人们对体育文化或某种体育现象的评价或者对体育文化的欣赏都构成了体育主体精神的内视领域,这突出体现了体育精神文化的内视性特点。

(三)积累性特点

积累性也是体育文化的一个非常重要的特点,这一特点主要有积极和消极两个方面,积极方面主要是指优秀的体育精神文化的传承推进体育文化的进步,消极方面则是指落后的体育精神文化阻碍体育文化的发展。在整个体育文化发展的长河中,这一积累性的特点非常明显,人们要充分认识到这一点,按部就班地推动体育文化的发展。

第六节 女性体育文化

在人类整个体育文化发展的过程中,女性体育在最初不受重视,甚至饱受歧视,但后来随着时代的不断发展,女性体育文化逐渐得到关注,获得迅速的发展,直至今天,女性体育文化已成为现代社会一道亮丽的风景线。

一、女性竞技体育文化

纵观奥运会的发展历史,既能发现奥运会的总体发展状况,又能在一定侧面反映女性体育文化的发展状况。就参赛国家和地区的数量而言,首届奥运会仅有13个参赛国,而发展到现在则有超过200个国家和地区参赛,这充分说明竞技体育运动发展的快速性和先进性。从女性的参赛人数来看,每届奥运会的参赛人数都是不断增长的,比如第1届奥运会,女性参赛比例为零,"一战"前参与奥运会的仅有57人,而男性运动员是2547人,仅占男性人数的2.2%;而到了2004年的雅典奥运会上,女性参赛人数占男性人数的68.8%。之后在北京奥运会、伦敦奥运会和巴西奥运会上,女性运动员也逐渐增多。总之,这既是体育运动的魅力所致,又是人类文化发展的结果。

(一)竞技体育是女性文化的进步标志

纵观体育运动的发展历史,女性体育文化的发展经历了一个艰难而曲折的过程。从身体运动的意义上说,尽管女性自身有独特的娱乐方式,如舞蹈游戏、娱乐游戏等都属于女性的体育内容,但从长远来看,这些运动文化始终比不上竞技体育运动文化。在很长的一段时间里,女性体育文化不受重视,难以得到有效的发展。纵观体育运动的发展历史,将女性排除在竞技体育运动竞赛之外主要是由当时的社会文化观念导致的。

在长期的封建阶级统治下,女性的社会地位非常低下,当时的各种社会活动女性根本没有资格参与。而随着工业革命的逐步进行,大大提高了劳动生产力,与此同时也为女性参与社会生产提供了必要的条件,在一些特殊行业,如纺织业等,女性显现出明显的优势,成为生产的主力军,从此,女性便开始走向社会、从事生产。但需要注意的是,在这一时期,女性的社会地位并没有得到认可,缺少公平的权益,除一些特殊的岗位之外,女性的工作权利仍受到各种社会歧视,无法融入社会主流。所以,在这种社会背景下,欧洲首先爆发了女权运动,即反对歧视,要求与男性一样具有平等的社会权利。

随着现代社会的发展和进步,人们开始重新审视女性的社会地位,在这样的背景下,女性文化开始逐渐得到发展,女性权利得到了良好的保障,如选举权、工作权、人身自由权等都受到社会的承认,女性的社会地位不断提高。

进入 21 世纪后,社会上大量的女性开始参加各种各样的集体活动,在奥运会中,女性也成为重要的力量,女性体育文化越来越丰富多彩,这为女性竞技体育文化的形成与发展奠定了坚实的基础。

(二)竞技体育是女性文化的理念表达

男性文化和女性文化是社会文化的重要组成部分。但是,在社会文化不断形成与发展的过程中,由于男女之间的性别差异以及社会分工方面的差别,直接导致二者在文化上出现各种差异。

自原始社会开始,男性便承担了生产、维持家庭生活的责任,一部分男性甚至还承担了战争的重任,他们成为维持社会发展的主导者。而女性的工作主要包括生育儿女、相夫教子等,随着时代的不断发展,这种社会分工逐渐形成了不同的男女文化。从理论上而言,社会分工是随着社会的发展而自然产生的,任何社会分工的出现都是合理的。但是,正由于在社会分工方面存在着一定的差异,因此就导致了男女在社会中的不同地位,实际上在旧社会男尊女卑的观念一直存在,并形成了一定的社会风气,这种状况在现代社会中才有所好转。

在传统的文化习俗影响下,女性逐渐适应了社会文化的要求和束缚,养成了依赖与服从男性,恪守社会规范的特性,与此同时,一些不良的观念也深入人心,如"女子无才便是德","大门不出、二门不迈"等深深影响着那个时代的女性,甚至在现代社会中也有所影响。但是,随着现代社会的不断发展和进步,人们的观念得到极大的更新,人们逐渐摒弃了歧视女性的思想观念,女性与男性在社会中的地位逐渐平等,参与社会活动的权利也不断增多。在体育运动中,奥运会作为最有影响力的运动会,其女性参与者越来越多,在最近的几届奥运会中,女性占据着半壁江山。女性渴望像男性一样在体育运动中发挥自己的能力,取得优异的成绩,获得社会的认可。她们的这种理念和行为不仅体现了个人的思想观念变化,还从整体上推动了女性体育文化的快速发展。

(三)竞技体育是女性奋斗的精神体现

在体育运动发展的最初,体育运动就被划分为大众体育运动和小众体育运动两个部分,其中的小众体育运动就是指竞技体育运动。总体上来看,大众体育运动是整个体育运动发展的目的,也是小众体育运动发展的重要基础,小众体育运动的发展体现了体育运动发展的精华。人类赋予大众体育运动和竞技体育运动不同的目的与任务,从而共同推动整个社会体育运动的健康发展。

竞技体育是人类竞技本性的延续和表现方式,其目的在于通过人体运动的展示和挑战证明人类的伟大。在原始社会人类的竞技运动就早已存在,只是竞技的方式和竞技的目的不同。在体育运动诞生之后,竞技体育就出现了,它成为一种维护人类和平的重要方式,通过竞技运动展示人类的力量,挑战自我,战胜自我。但是,对于女性而言,在旧社会她们是没有挑战权利的,在封建社会文化的束缚和影响下,女性群体的各种行为都受到了很大的限制。

在竞技体育诞生以后,女性群体参与竞技体育运动的欲望更加强烈,她们渴望通过参加奥运会来满足自己的内心需求,实现自己应有的社会价值。因此,在奥运竞技场上,女性对于竞技体育运动的热情丝毫不亚于男性,女性通过自己的不懈努力也取得了优异的成绩,得到人们的赞扬。因此,从文化的层面来说,尽管男女之间存在各种差异,但这并不影响他们对于文化价值的追求,男性如此,女性也同样如此。

在现代社会背景下,女性竞技体育获得了飞速的发展,女性竞技体育运动项目越来越多,女性运动员在赛场上也别有一番风景,体现出女子竞技体育文化的独特韵味,彰显出女性竞技体育文化的力量。

二、女性大众体育文化

一般来说,体育运动开展的基础是由社会经济水平决定的,体育运动是人类的一种业余文化生活,只有在满足了人类衣食住行等基本需求后,体育运动才能获得发展。女性体育作为体育文化的重要组成部分,在当今社会日益受到重视。

(一)大众体育丰富了女性文化内容

发展到现在,体育运动已成为现代社会文化发展的重要标志。从根本上来说,体育运动是由游戏活动演变而来的,而游戏活动也属于一种文化内容,源自于人们的日常生活,因而具有一定的大众性特点。

在人类早期的游戏活动中,由于社会生产力水平非常低下,人类的生活方式一般都比较简单,所以,游戏的方式也比较简单,大多与生活方式和劳动方式相联系,因此,不同的国家、不同的民族有各自不同的游戏方式,展示出各个国家、各个民族不同的文化习惯和特征。而体育运动产生,它继承和发展了所有游戏活动的文化内涵,即娱乐性、竞技性、大众性等,并以自身独有的方式成为各国、各民族都能够接受的一种新的身体运动形式,成为一种人类共同的运动。

从女性层面来说亦是如此,在早期的游戏活动中,不但各国、各民族女性游戏竞技活动各有不同,而且即使在同一民族中,男性的游戏竞技活动与女性的游戏竞技活动也有很大不同,如古希腊的竞技运动、中世纪的骑士运动等都只是男性的运动,女性是没有资格参加的,这不仅只是由于社会文化对女性的限制,更重要的是这些竞技运动充满了暴力文化色彩,与女性文化格格不入,所以,限制了女性的介入。但是,体育运动则不同,尤其是大众体育运动,它的参与对象就是社会民众,不分男女、不分老幼,而且运动方式适宜于任何人,从而为女性参与提供了更多的内容和更多的机会。

从女性文化方面来说,随着体育运动的出现,尤其是"二战"以后大众体育运动的兴起,体育运动逐渐成为女性喜闻乐见的活动之一,这不但表现在参与体育活动的女性越来越多,而且,其逐渐成为很多女性的一种生活方式,为女性的业余文化生活提供了更多的选择。

(二)大众体育塑造了女性文化形象

大众体育运动兴起不只是丰富了女性的业余文化生活,同时也促进了女性的印象变化。这种变化主要体现在两个方面,一是女性社会形象的变化;二是女性个人形象的变化。

从社会方面来说,女性参与体育活动经历了一个长久的过程,这一过程主要是思想观念变化的过程,传统的女性文化观念认为,女性就应该恪守妇道、相夫教子、足不出户。即使在这种封建礼教意识破除之后的很长一段时间内,女性的行为仍然受到各种偏见的约束。以我国为例,在改革开放的这段时间里,虽然女性的社会地位受到了一定的推崇,与男性拥有了平等的权利,社会文化对女性的要求已经发生了根本性改变。但是,人们对于女性形象的认识过于深刻,扭转人们关于女性的意识比较困难,这需要一定的时间。

需要注意的是,女性形象的改变除了与当时的社会发展水平有关外,还与人们的思想观念存在着莫大的联系。在现代社会,随着人们生活水平的不断改善和提高,女性的体育观念也发生了很大变化,生活观念的变化导致了生活方式的变化。很多女性开始走出家门参与各种体育活动,这对于她们体育价值观念的改变和习惯的养成起到了重要的作用。

(三)大众体育促进了女性文化发展

体育运动的不断发展在一定程度上反映出整个社会的发展和进步。因此从某种程度而言,大众体育的发展在一定程度上推动了社会文化的发展和进步,包括女性体育文化。大众体育对于女性体育文化的推动主要体现在以下几个方面。

1. 女性参与大众体育运动是一种文化观念的进步

现代社会的体育运动是属于全体社会民众的共同活动。女性参与大众体育运动,也不是仅限于年轻女性,每一年龄段的女性参与体育运动的人数都在不断扩大。而且,无论男性还是女性,上至官员、下至百姓,无不有众多的体育爱好者。在参与体育运动的过程中,人人平等,没有高低、贵贱之分,这充分体现出体育运动的平等性特点。

2. 女性参与大众体育运动是一种生活方式的进步

随着生活水平的提高,大众参与体育运动的目的也有所改变,体育运动已经远远超越了健康的意义,成为一种娱乐方式和休闲手段,通过体育运动使人获得一种愉悦的感受,这种心理上的愉悦和满足使人充满朝气、信心倍增,为生活和工作增添了动力,因此,这种生活方式的进步显示出女性文化的发展与进步。

3. 女性参与大众体育运动是社会进步的结果

目前,在平时的生活中,参与体育运动的人数还是男性多于女性,这是传统观念和传统文化所造成的。但是,据统计发现,女性参与体育运动的人数正在快速增长,这说明女性参与体育运动的认识在不断提高,参与体育运动成为这些女性的日常需求,这对于女性体育文化的发展具有非常重要的意义。

综上所述,大众体育运动之所以在全世界范围内能得到快速的发展,其原因就在于社会经济发展是基础,社会文化发展是动力,同样,女性大众体育运动发展的动力也在于女性文化的发展。

第二章 体育文化的演进与发展概况

发展至今,体育文化的内容越来越丰富,这与其长期的演进与发展是分不开的。在历史的长河中,体育文化与其他社会文化现象不断交融,成为推动社会发展的重要力量。本章重点探讨体育文化是如何演进并获得可持续发展的。

第一节 原始体育文化的演进与发展

一、军事武艺的发展

(一)拳术

据史料记载,拳术是从角力衍生出来的一种徒手攻防格斗形式,这一格斗形式近于摔跤与拳击,对抗比较激烈,同时又具有一定的观赏性。发展到西汉末年,拳术成为一种表演项目,深受当时人们的欢迎和喜爱。

(二)剑术

当时佩剑在战国时期非常流行,这一习惯一直延续到汉代,这一时期的舞剑和斗剑风气更加盛行。佩剑既美观又便于健身防身,因此深受当时人们的推崇,不少文人学士随身佩剑,与剑结下了不解之缘。在《汉书》中曾经有这样的记载:"司马氏在赵者,以传剑论显",东方朔"十五学击剑",司马相如"少时好读书击剑",比比皆是。由此可见,剑术在当时是如何受欢迎。

据相关史料记载,魏文帝曹丕是一位击剑能手,他曾经在著作中介绍自己学剑的经过和拜师的历史。剑术在当时十分流行的又一个例证是,当时经常举办各种各样的击剑比赛,击剑逐渐成为一种经常举办的竞技体育项目。可见,当时剑术已逐渐演变成为一种竞技体育项目,越来越受人们的欢迎。

（三）射术

在古代,射箭主要分为"射礼"和"战射"两种形式。发展到秦汉时期,射礼逐渐衰弱,战射越来越受到重视。它要求射得远,命中率高,这一活动在民间也逐渐发展起来。在《汉书·艺文志》中记载了大量的有关射术的文字。在这一时期,精于射术的人非常之多,在民间也有很多射箭的高手。

发展到汉代,弩射逐步发展,成为军事战争中的重要手段。弩一般有单射和连发两种。这一改进性措施在抗击匈奴的战争中发挥了巨大的威力。发展到三国时期,诸葛亮"损益连弩,谓之元戎","一弩十矢俱发",对弩的改进做出了突出的贡献。经过一段时期的发展,弩成为一种重要的战争武器,同时弩射也成为人们重要的健身手段。

二、百戏中的体育活动

百戏可以说是我国古代艺术表演、运动竞技的综合表现形式。百戏包括各种各样的内容,深受人们的欢迎和青睐。一般来说,百戏主要包括以下内容。

（一）角试

在发展的初期,角试只是一项军事活动,它主要被用来选车徒、教战法、习号令。春秋时期以后,随着礼崩乐坏,"讲武之礼"

中的竞赛形式开始被诸侯贵族们引入日常娱乐生活之中,后来逐渐演变成为民间的一种娱乐方式。

(二)武戏

武戏属于武艺的重要形式,其中包含徒手对抗、徒手对器械的对抗、器械对器械的对抗等内容和形式。

(三)叠案

叠案是一种手倒立表演,有着多种多样的形式,有的在地上,有的在案上,有的在鼓上,有的在行进戏车的高台上,还有一手持物的单手倒立,要求运动者必须具备高超的技能。

(四)蹴鞠舞

蹴鞠舞是踢鞠与舞蹈的结合。一般来说,主要包括徒手踢鞠舞、手持鼓踢鞠舞、边击鼓边踢鞠舞等几种形式,在古代,这一舞蹈形式的体育活动深受人们的欢迎和喜爱。

三、导引养生术日趋规范

(一)养生观的发展

1. 刘安与《淮南子》的养生观

《淮南子》一书是以道家学说为主,结合儒、法、阴阳五行学说自成体系的一部著作。书中阐述了多种养生观点,其中主要反映了道家与方士的思想。

《淮南子》一书中强调身体和精神对人的发展的重要性,特别指出精神最为重要,对人的状态起主导作用。

(1)《淮南子》的养生原则

《淮南子》的养生原则是"静漠恬淡"。书中介绍:"静漠恬淡所以养性也。"其含义有二：第一是"省嗜欲"。它说："五色乱目，使目不明；五声讹耳，使耳不聪；五味乱口，使口爽身；趣含滑心，使形飞扬。此四者，天下所养性也，然，皆人累也。"这意味着声、色、味、趣都成了害人之物。第二是"心不忧乐，无所好憎"。"忧悲多恚，病乃成积；好憎繁多，祸乃相随；故心不忧乐，德之至也；无所好憎，平之主也。"这是说忧悲和好憎成了病祸的根源。以上就是《淮南子》一书所倡导的养生原则，对后世有着一定的启迪和借鉴意义。

(2)《淮南子》的养生目的

《淮南子》的养生目的与众不同，它主张人们要超脱一切现实，这一主张在一定程度上反映了旧社会时期统治者追求"长生不死"的妄想。

2. 桓谭、王充的养生观

桓谭、王充是东汉时期著名的无神论传统的奠基人，他们先后对形神二元论进行了一定的批判。

(1)桓谭的养生观

桓谭（公元前23年—公元56年），对当时流行的谶纬之学进行了有力的抨击。谶是指方士制作的隐语和预言，作为吉凶的征兆。纬是对经而言，是方士们编集起来的经典著作。他说："精神居于形体，犹火之燃烛……烛无，火亦不能独行于虚空。"意思是说火靠烛而燃，神凭形而存，形存神在，形亡神灭。除此之外，桓谭认为养生可以延年，对人的长寿有着一定的作用，但不会长生不死。他的这一观点非常重要，在当今社会都有一定的影响。

(2)王充的养生观

王充（公元27—97年）主要批判了当时比较流行的神学迷信。他认为："人之所生者精气也，死而精气灭。能为精气者，血脉也；人死而血脉竭，竭而精气灭，灭而形体朽，朽而成灰土。"还说："天下无独燃之火，世间安得有无体独知之精。"他对当时的灵魂不灭论进行了彻底的批判，对后世产生了重要的影响，他因此被称为中国古代无神论的奠基人。

(二)导引专著的出现

据相关史料记载,在西汉与东汉时期就出现了导引术的身影。1973年,在湖南长沙马王堆3号汉墓中出土了一批医书,其中《却谷食气》和《导引图》为我们提供了宝贵的资料。

《却谷食气》讲的是导引行气,内容非常详细和具体。一张《导引图》(尺寸长1米,宽0.5米),彩绘有44个各种人物的导引图像,其中有男有女,有老有少,有裸背者,也有着衣者,衣冠皆为当时一般庶民的样式。这一导引图非常完整,完美地展现了当时的社会风貌。关于导引术,除了有立式和坐式,徒手的和持器械的之外,还有模仿动物形态的导引术。主要涉及头部运动、扩胸运动、肢体运动等几个方面,由此可见导引术的内容是非常丰富的。

导引术的功能非常多,既可用于健身,也可用于治病。如"引聋"就是通过一定活动可以治耳聋病。"引"是"引体令柔","挽"是指屈身俯地。

(三)华佗与五禽戏

华佗(公元141—208年),字元化,东汉末年沛国人,他精通医术,擅长外科手术,除此之外,他对养生也有着自己的见解,他认为:"晓养性之术,年且百岁,而犹有壮容。"

华佗有着非常高超的医术,他提出了诸多关于医术的理论,阐明了运动对人体健康的重要作用。他主张"动以养生"的思想,对后世产生了重要的影响。

五禽戏一直延续至今,有着较大的影响力。而五禽戏就是华佗创立的,五禽戏主要包括虎、鹿、熊、猿、鸟五种动物活动形态。虎戏是模仿虎的刚威勇猛,以增长气力;鹿戏是模仿鹿的奔驰反顾,以灵活腰腿;熊戏是模仿熊的倒卧翻滚,以畅通血脉;猿戏是模仿猿的攀援跳跃,以灵敏身躯;鸟戏是模仿鸟的展翅高飞,以愉悦心情。

大量的实践和事实充分表明,经常参加五禽戏健身活动能起到有效的健身益寿的作用。华佗弟子吴普由于坚持练五禽戏,活到九十余岁,仍然耳目聪明,齿牙完整。华佗说:"体有不快,起作一禽之戏,怡而汗出,因以著粉,身体轻便,腹中欲食。"由于五禽戏中的大部分动作都是俯伏在地上进行的,因此运动量还是不小的,它对于人体素质的提高是非常有帮助的。五禽戏的产生,标志着导引已由单个术式向成套动作的方向发展,它对以后的八段锦、易筋经、太极拳等在某些方面产生了一定影响。

第二节 现代体育文化的发展

一、现代体育文化发展的条件

根据体育文化发展的事实,我们可以把体育文化的发展条件归纳为两点:一是人类发展的逻辑观念为其发展创造了充分条件,二是人类社会的演进为其提出了必然的要求。

(一)人类社会发展的观念

在人类社会发展的过程中,各种社会文化现象也随之不断发展,在这样的情况下,各类文化现象的意义也更加广泛,这是人类社会文化发展的基本特征。在体育文化发展的过程中,人始终在其中扮演着最为重要的角色。因为,无论体育文化如何发展,都始终以人为对象,只有在人类社会的推动下,体育文化才能得到传承与发展。正因如此,体育文化才得以产生并获得不断地发展。

随着社会的转变与发展,体育运动的形式也越来越多样化。从最初的徒手表现到后来各种体育器械的参与,这种变化对于人类社会文化的发展是非常有意义的。

体育文化在发展的过程中,各种现象都体现出以人类为核心的发展态势,体育运动的发展也是为了满足人类自身的各种需求,在人们各种需求的推动下,体育文化才得以蓬勃发展。人与动物之间有着明显的区别,动物为了生存逐渐练就了娴熟的捕食技能,这一技能不能脱离特定的场景,否则就失去了意义。也就是说,动物的本能并不能脱离现实场景去构建运动理论。而人类却不同,人类能够做出超越自身的行为,能根据自身的需要而建立其相对应的运动模式,并且还能在脱离现实场景的情况下去传承与发扬这种文化。

在当今体育运动发展的过程中,存在着一种"反文明"的现象。这一现象突出表现在,一些文明程度较高或较早进入文明社会的国家或地区,他们的体育竞技水平反而较低,在世界上处于较为落后的局面。而文明程度相对较低的国家,其体育运动水平反而较高。如亚洲是世界文明的重要发源地,有着悠久的历史,但与黑人相比,其体育竞技能力反而处于劣势的地位。由此可见,人类文明与体育文化之间的关系非常微妙而复杂。

纵观整个人类社会发展的历程,体育文化与人类进化之间的关系非常密切。随着人类社会的不断发展,体育文化也得以形成与发展,可以说人类的发展是体育文化发展的重要基础。人类使用各种自然工具为体育文化创造了物质基础,而原始人类的各种祭祀活动等则为体育文化创造了精神基础。除此之外,随着社会生产力的逐步提高,人们的思想观念和意识也不断进步,这也在一定程度上促进了体育文化的不断发展。经过各个时期的发展,体育文化也从其他文化形态中剥离出来,从而成为一种独立的文化形态。

(二)人类社会的演进与发展

在人类社会发展的早期,人与自然环境之间的关系非常和谐,处于一个非常稳定的局面。但随着人类社会劳动生产力的提升，人们对大自然的改造力度也越来越大。同时原始社会中那些相对封闭的空间逐步被打破，经过一段时期的发展，逐渐形成了体育活动地域性与民族性的特点。这与人类社会的发展与改革是分不开的。后来，在工业文明的变革下，人类社会也发生了相应的变革，体育文化正是在这样的历史背景下获得了迅速的发展。

伴随着现代科学技术的发展，体育科学研究范围不断扩大，人体、各种运动形式等都成为研究的对象和热点，通过广泛而深刻的研究，体育理论研究成果非常显著，这就为体育文化的形成与发展创造了必要的理论基础。而在体育运动不断发展的背景下，体育不再是少数人的"专利"，体育成为社会大众的一种重要休闲方式，这就为体育文化的传播与发展奠定了良好的群众基础。在这样的形势下，体育文化得以广泛传播与发展。

伴随着现代社会的不断发展，体育文化内容也得到了相应的补充与完善，体育文化中所包含的原始性内容逐渐减少，更多的是被现代体育运动内容所取代。但需要注意的是，体育文化的一些原始性内容也并不是不可取的，其中也有一些有益的成分，在体育文化发展的过程中，不能搞"一刀切"，不能一味地排斥原始体育文化内容，要吸收与借鉴其中有益的成分，这样才能更好地推动体育文化的可持续发展。

在体育文化发展的各个历史时期，各种工业革命、文化革命、科学革命都在其中发挥了极为关键的作用。正是由于这些"助推器"，体育文化才得以更好地传播与发展。在现代科学技术高度发展的今天，体育文化也充满了发展的活力。各种高科技手段的介入与利用，赋予了体育文化新的内涵，世界各国的体育文化逐渐散发出现代化的气息，这说明体育文化的发展是与现代社会的发展同步进行的。总之，体育文化的发展并不是孤立的，其发展极大地推动了社会的发展与进步，反过来现代社会的发展也推动了体育文化的进一步发展。

二、现代体育文化发展的表现

(一)体育的演进历程与体育文化的发展

1. 人类社会的演进对体育提出了必然要求

随着现代社会的不断发展,各种社会关系越来越复杂,但是人与人以及人与自然环境之间的关系却是相对稳定的,在生产力逐步提升以及余暇时间不断增多的情况下,人们开始注重生活的质量,于是从事各种艺术和军事的职业人士开始出现。在传统社会背景下,人们的生活空间受到一定程度的压缩,在封闭的条件下,体育活动的地域性、民俗性、宗法性等特点就逐步形成了。后来,随着工业革命的进行及现代社会的变革,人们的体育活动也发生了较大的改变,体育逐渐成为人们的一种生活方式,渗透到了社会的各个角落。

在科学技术进步的推动下,体育科学研究也得以迅速发展,目前关于体育运动方面的学术研究日益增多,这为体育文化的发展奠定了坚实的理论基础。随着时代的不断向前发展,体育呈现出大众化发展的趋势,深深影响着人们的日常生活。

发展到现在,体育文化的特点越来越鲜明,成为独具特色的文化现象。第一,随着现代社会的发展,体育文化中原始部分内容逐渐消退,现代化的元素逐渐增多;第二,新的民主和平等观念深入人心;第三,体育文化的科学性更加浓厚,获得可持续发展;第四,体育文化的发展难免遇到一定的困难和挫折,但不论如何都不会停下脚步,始终是向前发展的。

如今,体育文化的内容日益丰富,形式也越来越多样化。在体育文化发展的过程中,科学技术为文化的传播创造了良好的条件,政治和经济成为体育文化传播重要的推动力量,体育文化因此得以迅速地传播与发展。

当前高科技手段在社会各个领域都得到了广泛的利用,在体育运动中也是如此,在各种大型体育赛事或体育表演活动中,高科技手段都充斥其中,发挥着重要的作用,可以说这些高科技手段在一定程度上改变了体育文化本来的面貌,给予了人类体育文化新的挑战。

2. 人类发展的逻辑为体育创造了充分条件

人类在生产与生活的各种活动中,逐步孕育出体育文化的因子。体育运动的形式并不是一成不变的,随着时代的发展和变化,体育文化也会随之改变。最初的体育形式主要以徒手表现技艺为主,后来随着社会生产力的不断发展,使用体育器械的运动形式大量出现,这对于人类本身及体育文化的发展而言都具有深远的影响和意义。

纵观整个人类社会的发展历史,出现的各种形式的体育文化,其主要目标都是使人的驾驭外在工具的能力得到有效提升,从而促进人类社会的不断发展,而在人类文明发展的过程中,体育文化在其中扮演了非常重要的角色,这突出表现在以下几个方面。

(1)在历史长河中,人类意识的进化促进着体育文化的不断发展。

(2)体育运动的发展,是各种体育运动工具到专门运动器械发展的过程。

(3)体育运动由初期的形式单一的活动内容,向成熟的体育文化体系方向发展。

(4)体育运动由初期的与其他文化形态的混合发展,向后来独立性的专业化方向发展,并因此逐渐形成独特的体育文化体系。

综上所述,体育文化就是在这样的背景和形势下,逐渐成为现代社会的重要组成部分,并获得进一步的丰富、完善和发展。

第二章 体育文化的演进与发展概况

(二)现代体育认识与掌控的发展

科学、哲学、艺术等都是人类知识结构中的重要内容,拥有这些方面的知识就等于拥有了打开世界大门的钥匙。在人类所创造的各种文化现象中,体育文化在其中也扮演了非常重要的角色。发展到近代以后,人们对体育的认识还较为肤浅,被认为是大肌肉运动,人们对于体育的理解和研究一直停留在"科学"的层次上,其基础是西方现代自然科学。但随着社会的发展和进步,人们逐渐意识到这种认识的局限性,开始综合运用教育学、哲学、社会学、人类学等多学科理论知识来认识体育运动,这样对体育的认识就更加客观和深刻。第二次世界大战之后,体育的文化特性逐渐被人们所广泛认同,体育被认为是一种社会文化活动。发展到现在,体育与艺术之间的交融为人类从更高的"艺术"层面来分析体育特质创造了良好的条件,体育的人文形象也不断加深,体育人文属性更加深刻。

体育的人文属性充分展现了自身与人类精神实质的契合,随着人们认识水平的不断提升,人们开始从多角度、多层次对体育展开细致的研究与分析。随着社会的不断发展,人们对体育的认知水平也不断提升。我们要本着整体发展的眼光看问题,不仅要看到体育的外在表现形式,同时还要看到体育运动中所蕴含的深刻的文化含义,树立体育人文观念,推动体育文化的健康发展。

综上所述,人类文明是不断向前发展的,伴随着人类文明及社会文明的发展,各种社会文化事业也得以发展,体育文化也不例外。社会文化的发展主要对体育运动技术、体育教育属性等方面的发展起到了重要的作用。如今在现代社会发展的背景下,体育开始由社会教育观向文化艺术观转化,这是体育发展的必然趋势。

(三)现代体育组织与管理的发展

现代社会是一个快速发展的社会,为跟上时代发展的步伐,促进体育文化的发展,人们需要具备丰富的文化知识储备,同时还要有符合现代社会发展需求的创新思维。在我国社会主义现代化建设的今天,作为精神文明的重要内容,我们要重新审视体育文化,结合时代发展的形势,实现体育文化自身发展的良好转变。新的时代需要创新思维,我们不仅要培养和提高人们的体育知识与能力,而且还要帮助人们养成良好的体育思想意识与行为习惯,从而提升体育综合素养。发展到现在,各种体育组织大量出现,形成了一个相对完善的组织与管理模式,这对于体育文化的健康发展是非常有利的。

总之,体育不仅是一种社会文化现象,还是一种带有生物、物理、教育性质的社会活动,随着时代的不断发展,体育已深深融入人们的日常生活,成为不可缺少的社会文化内容。不同国家或地区的机构或组织对于体育的组织与干预,要切实把握好体育文化发展的规律,客观理性地去处理体育文化的相关事务,这样才能推动体育文化的可持续发展。

第三节 体育文化产生的动因与发展走向

一、体育文化产生的动因

(一)体育文化产生的动因

研究体育文化产生与发展的动因对于促进体育文化的可持续发展具有重要的意义,在原始社会时期,人的身体活动主要有三种:一是生产活动,如人们为了满足生存的需求从事的捕鱼、狩猎等活动;二是人们在与大自然斗争中所形成的各种运动技能;三是满足人们精神需要的各种游戏或娱乐活动等。实际上这些活动并没有什么明显的区别,有时候难以区分开。但人都是其中最关键的因素,与社会的发展息息相关。因此,我们在研究与分析体育文化的起源时,要重点考察人的因素。

心理学理论认为,人们参加任何活动或产生某种行为都有一定的动机。动机可以说是人们做出某种行为或活动的重要内动力。在一定的欲望和动机下,人们就会相应地做出某种行为。这已是被大量的实践所证明的事实。

大量的实践与事实表明,需要是人们产生某种行为活动的重要根源。为了求生存,人们便开始了各种生产劳动;为了沟通与交流,语言文字便得以诞生。因此说,"需要"是人们参加一切活动或产生某种行为的重要动因。但需要注意的是,体育产生于人们的生产劳动,这一说法并没有什么过错,但同时这一说法也不是全面的,因为人们在社会上生存,不仅需要劳动,还需要生活,需要情感的表达等,这与动物之间有着明显的区别,这说明体育也产生于人们的社会需要。总之,人们参加各种社会活动和生产劳动,都需要一个健康的身体,体育可以说既产生于人们的生产劳动,也产生于人们的社会活动。

(二)体育文化产生的社会根源

1. 体育文化产生于人们的社会需要

人们的需要是多种多样的,如促进身体健康的需要、完善心理的需要、获得娱乐的需要等,正因为人们多种需要的存在,体育文化才能获得发展。在人类社会发展的各个时期,充满了各种斗争以及宗教活动,正是由于这些活动的推动,体育文化内容才得以不断丰富,获得了持续的发展。

2. 体育文化起源于人类的劳动

人类社会的发展与人们的生产劳动是分不开的,正是由于人类的生产劳动,各种社会事物才得以不断发展和进步,体育文化这一社会现象也是如此。需要注意的是,人类的文学、语言等活动也是来源于生产劳动,在具体的研究中,要将体育活动与其区分开来。

在原始社会条件下,人类要想生存,必须要获得一定的运动技能。最初,手的形成是人类的一大进化,为实现征服大自然,更好地生存的目的,在长期的生产劳动中,人类的手型及其他部位逐渐发生了一定的变化,手、腿和脚都可以运用各种劳动工具展开各种生产活动。这是一种超生物肢体的行为,与动物之间有着本质的区别。在这样的情况下,人类体育运动得以诞生,进而体育文化也就孕育而生。

总的来说,人类的超生物经验主要包括各种知识与技能的掌握、内心情感体验等内容,这些内容与动物有着明显的区别,是人类区分动物的重要标志。随着人类社会的不断发展,处于社会发展中的人们,其劳动与生活经验越来越丰富,这些经验在不同地区之间获得了一定的传播。在语言产生之前,体育文化的传播与发展主要依靠经验的交流,这就是体育文化发展的根本原因。

3. 体育文化同体力劳动有着一定的差别

体育运动并非一种劳动,它是一种以人自身的活动改变人自身的自然属性和社会属性的活动。在体育活动中,主体和客体是统一的整体。通过参加各种各样的体育运动,能产生良好的锻炼效果和价值。因此,体育文化自产生之日起就成为社会上层建筑的一部分,成为社会文化的重要内容。

二、体育文化的发展走向

(一)东西方体育文化相互交融与发展

伴随着全球一体化的发展,体育文化也获得了快速的发展。在全世界各体育组织的共同努力下,竞技体育与群众体育的融合越来越密切,东西方体育文化之间的沟通与交流更加紧密。

第二章 体育文化的演进与发展概况

东西方体育文化都是体育文化的重要内容。东方体育文化发源于黄河、尼罗河、底格里斯河等流域,它具有封闭性、伦理性、民俗性、宗教性等方面的特点。西方现代体育则发源于不列颠、美利坚等国,与现代生产方式有着密切的关系,呈现出鲜明的竞技性、普遍化、个性化等特点。随着时代的不断发展,东西方体育文化逐渐打破隔阂,共同交融与发展。

如今,全体一体化的趋势日益明显,世界体育文化正是各国体育文化不断交融与发展的结果,经过一段时期的发展,大量的西方体育项目在东方世界获得了一定的传播与发展,如田径、游泳、各种球类项目等在东方发展得非常迅速,成为大多数国家重要的体育项目。另外,西方竞技体育在传入东方世界的过程中,与之相关的平等竞争等思想观念也深深地影响了东方社会。尤其是以奥林匹克主义为主的西方体育观念对东方体育运动的影响最大。如中国武术参考了西方竞技体育的相关规则与竞赛形式,逐渐形成了散手竞技,这是西方竞技体育与我国传统体育融合与发展的一个典型的例子。由此可见,随着时代的不断发展,东西方体育文化的交流更加密切,从而获得了共同发展。

在西方竞技体育影响我国传统体育的同时,我国传统体育中的一些观念和理念也相应地传到了西方,并对他们的体育文化产生了一定的影响。如中国传统体育倡导的自然养生观、动静相关论等观念也在一定程度上被他们所接受,实现了很好的互动、交流与发展。[1]

实际上,东方与西方体育文化并不是孤立的两个部分,它们都是人类共同创造的产物,都属于一种社会文化现象,只不过是在形式、内容方面存在一定的差别,具有独特的个性,但正是这种差异的存在,才促使其获得了相互沟通与发展的动力。目前,大多数学者逐渐意识到东西方体育文化只是特点不同,并没有什么优劣之分,而且二者趋同的趋势日益明显。随着全球一体化的发

---

[1] 徐本力.世界体育在东西方的形成、发展与相互迁移[J].成都体院学报,1993(1).

展,东西方体育文明必将产生更大的碰撞与发展,只有双方加强彼此间的沟通与交流,才能获得更进一步的发展。

(二)多元价值功能的交融与分殊

目前,体育运动获得了高度化的发展,尽管如此,体育运动本身具备的功能也没有得到完全的发挥和利用。而随着时代的发展,人们对体育文化的认识会更加深刻,体育文化的多元化价值与功能也必将充分挖掘与开发出来,从而推动着社会的不断发展。

1. 健身、娱乐、交往、养生功能的融合

现代科学技术在带给人们实惠与便利的同时,也给人们带来了一些负面影响。其中,社会上出现的大量的"文明病"就是在这一负面影响下产生的。在这样的情况下,人们开始重视自身身心的健康发展,体育运动促进身心健康发展的价值得以被人们重新审视。如人们参加高尔夫运动,既是人际交往的需要,又是强健身体的需要,同时又有娱乐身心的目的。所以说,体育运动很好地满足了人们的以上多种需求。

2. 竞技与健身分流

发展到现在,社会分工越来越精细,而在体育运动领域,伴随着体育赛事的出现和不断发展,社会上也出现了相关的职业。竞技体育与健身开始逐渐分流,获得了高度化的发展。要想在竞技体育的道路上取得成绩,必须要经过长期的艰苦训练,正是在这一驱动力下,越来越多的人投入到竞技体育训练之中,所以说竞技体育必将得到更加迅速的发展。[1]

随着竞技体育的不断发展,其在社会上的影响力也不断扩大,在这样的情况下,人们对体育运动的偏见发生了一定的改变,

---

[1] 张洪潭. 体育大势简论[J]. 体育与科学,1997(1).

如今人们深刻认识到体育锻炼对于身体健康的重要性。他们以追求生命的质量和个人的自由为目的,参与或简单或复杂的运动,来促进自己的身心健康,在整个体育运动中蕴含着不同阶层、不同年龄、不同性别的体育追求。

(三)运作方式的多样化

随着现代社会的不断发展,人类认识世界的方式和手段越来越多元化,主要包括科学的与哲学的、审美的与艺术的、宗教的与信仰的等多个方面。但不论是哪一种手段和方式,它们都不是截然分开的,而是一个统一的整体。相信在未来的发展中,体育文化必将更加多元化,其运作方式也更加多样化。

1. 体育艺术化趋向:与文艺的日渐交融

体育与艺术之间的关系非常密切,体育艺术化的趋势主要体现在体育文艺方面。人类社会文化是在不断地分离、融合、再分离、再融合中发展的,体育文艺的出现大大改变了人们的体育价值观,传统的"舞蹈"与"体育"观念逐渐被抛弃,新的"人体文化"诞生,伴随着社会的不断发展,舞蹈与体育逐渐融合成为一种新的社会文化现象。因此说,体育与文艺的交融越来越明显。

2. 机械型运动竞技:与科技的逐步融合

发展至今,竞技体育获得了非常快速的发展,其中一个非常重要的原因就在于现代科学技术的推动。科学技术具有无比强大的力量,它将体育竞技带入了一个前所未有的发展阶段。这不仅表现在各种体育物质产品的创新上,如高科技跑鞋、游泳衣的研发等,还突出表现在各种先进的科学训练手段的运用上。这些高科技的发明都极大地推动了竞技体育运动的发展。通过这些竞技项目的发展,我们可以预见这些机械型的竞技运动项目必将在现代科学技术的带动下获得更进一步的发展。

3. 绿色体育休闲：与环境的日益和谐

现代社会竞争越来越激烈，人们承受的压力也越来越大。人们为了缓解疲劳，获得身心的愉悦，倾向于在余暇时间选择参加各种休闲体育活动，如各种球类运动、轮滑、滑板等。通过这些休闲体育活动，人们能从中获得快感和满足。近些年来，户外运动在世界上比较流行，如攀岩、野营、漂流等深受热爱健康的人们的喜爱，在与大自然亲密接触的同时，人们还从中获得了愉悦的身心享受，促进了人与自然的和谐发展。所以在现代社会发展的背景下，倡导绿色休闲体育活动逐渐成为人们的共识。北京奥运会提出的"绿色奥运"就是这样一种重要的观念。现代高科技的发展在一定程度上给自然环境带来了一定的破坏，在今后我们要权衡二者之间的关系，不能牺牲自然环境为代价来促进体育运动的发展，而是要实现人与自然，体育与自然环境的和谐发展，因此说绿色体育休闲活动成为体育文化的一个重要的发展方向。

(四)实施空间的拓展

1. 城乡空间的拓展

随着现代社会以及科学技术的不断发展，体育文化迎来了良好的发展契机，这突出表现在城乡发展方面，随着时代的发展和进步，城乡体育运动的发展空间会越来越大。

(1)随着体育事业的发展，我国政府部门加强了体育基础设施建设，这为广大的人民群众参加体育锻炼提供了良好的物质基础，通过参加各种各样的体育活动，人们的身心素质得以发展和提高。

(2)现代社会的发展丰富了人们的生活方式，体育以其独特的优势成为科学、文明健康的生活方式最佳选择，因此如今社会上的体育文化氛围非常浓厚。

(3)体育文化之于整个社会文化的发展具有重要的意义，通过体育文化的传播与发展,整个城市的精神风貌能得到很好的展现,同时城市文化也获得健康快速的发展,这是体育文化传播功能的重要体现。

除此之外,伴随着城市体育的发展,农村体育也获得了一定程度的发展。农村体育与城市体育之间的交流更加密切,这为促进农村体育运动的开展提供了良好的条件,农村体育的发展能极大地丰富农民的精神文化生活,这对于我国社会的和谐与稳定也具有重要的意义。

2. 民族体育文化与世界体育文化的交融

在全球一体化发展的今天,任何事物的发展都不是孤立的,都与其他社会文化现象发生着某种联系。体育文化的发展也不例外。世界上各个国家都有自己独特的民族体育文化,这些体育文化并不是孤立存在的,尽管各个国家的体育文化受各种客观因素的影响而存在着一定的差异,但是这些体育活动的本质与价值是相通的。伴随着人类文明的进一步发展,世界各国和地区的体育文化会打破地域性限制,不断获得彼此间的交流与发展,从而走向一体化。

总之,在全球一体化发展背景下,各国间的民族体育文化也不断对外传播与发展,各国家的独特的体育文化相互碰撞与交流,擦出交融与发展的火花,不断推动着体育文化全球化的发展。而这种全球化发展的态势反过来又为各国的民族体育文化提供了更加广阔的舞台,世界体育文化从而获得了飞跃式的发展。

(五)体育文化逐步向商业化发展

在整个人类社会发展的过程中,其发展主要是以是否有利于生产力的发展为标准,最终表现为政治与经济的稳定发展,尤其是在现代社会中,经济条件更加重要,可以说只有经济得到发展了,社会其他方面才有可能获得发展。

如今人们已经很难离开体育运动,体育人口越来越多,这深深说明了体育运动具有强大的影响力。参加体育运动不但丰富了生活方式,而且使人们获得了某种审美观念和精神享受,与此同时,我们更应该从体育运动给人们带来的利益去思考,而以往我们常常更多的是从哲学意义上去分析,发展到现在,体育文化的经济价值、商业价值日益凸显,也越来越受到整个社会的广泛关注和重视。例如,体育文化在带给人们某种审美情趣的同时,也加强了彼此之间的沟通与交流,使人们获得了巨大的精神力量,这是体育文化无可比拟的优势;随着体育运动的不断发展,大量的体育赛事层出不穷,体育运动开始进入产业化与市场化发展的轨道,在这样的背景下,体育赛事举办方与商业媒体等的合作难免会在利益分配方面出现一定的冲突,由此可见,体育文化不仅仅只有"社会效益",同时也存在着经济利益,尤其是在市场经济发展的今天,体育文化的商业化发展趋势越来越明朗。

(六)体育文化逐步向人文化方向发展

体育文化有着悠久的历史,历经各个时期的发展,体育文化才呈现出如今这一发展形态,体育文化可以说是一种人文文化形态,同时也是一种重要的社会文化现象,其发展始终都展现出浓厚的人文精神,随着人们主体意识的觉醒,体育文化更加彰显出人文本质、人文理性和人文精神,在将来的发展中,体育文化的发展将会更加贴近大众文化生活,满足大众体育文化的需求,提升大众的体育文化品格。

因此,在未来体育文化发展的过程中,我们首先要不断完善自身,用新理念、新知识来完善自己,提高自身的综合素质,与此同时,还要不断增强体育工作者的责任感,这样才能更好地推动体育文化的可持续发展。

第三章　中西体育文化的比较及我国体育文化的缺失

处在不同文明区域的中西方体育文化之间存在着比较明显的差异,双方体育文化各有特色,西方体育偏向竞技,注重对抗和展示人的力量美,而中国体育文化则注重健身和养生,较为含蓄和内敛。通过中西方体育文化的比较研究,能帮助我们更好地认识与了解西方体育文化,借鉴其发展的优秀成分为我所用,从而促进我国体育文化的可持续发展。

第一节　中西体育文明比较

受历史传统、社会风俗、区域特点等各方面因素的影响,中西方体育文明之间存在着比较明显的差异,这一差异突出体现在各个方面。通过对中西方体育文明发展的比较,能帮助我们更好地认识与了解中西体育文化的发展史,把握二者发展的规律。

在人类早期文明发展的过程中,中西方体育文化在各种社会风俗和仪式上存在着许多异曲同工之处。如中西方体育文化的起源有相似之处;与体育发展有密切联系的祭祀的信仰、仪式相近;中西方的体育运动项目有近似之处。但需要注意的是,中国的民间信仰和官方祭祀的内容与古希腊有着明显的区别,中国官方传统祭祀是由皇帝亲祭天地的同时祭稷神。中国民间信仰凸显了中国特色的本土文化,经过长期的发展被尊奉为国家宗教地位的信仰。民间祭祀大多是与农耕生产密切相关的神,少有英雄崇拜。中国古代传统文化孕育出的神与古希腊文化积淀下产生的神,在性格内涵、文化形式等方面有着显著的差异。虽同为祭祀,所供奉的"神"却大相径庭,所以由"神"所表达、在祭祀中强化的文化内涵、价值取向分野,分别演绎了两条不同的文化轨迹。

中国古代体育项目的内容有很多,这一点不逊于西方体育。如射礼、投壶、围棋、蹴鞠、武术、捶丸等这些项目都深受当时人们的青睐,但这些项目都没有发展成为奥运会那样的全民性竞赛制度和竞技文化体系。究其原因,是因为中国传统文化缺乏一种鼓励和推动竞争的制度和对公平竞争的保障机制,同时也缺乏一种推动全社会参与的社会政治制度背景。因此,中国古代体育的发展仅仅局限于很小的一个圈子内,并没有获得较大范围的发展。

通过中西方体育文化的对比发现,西方体育竞技文化与中国传统养生文化之间存在着比较明显的差异。西方体育注重力量的展现,崇拜力量美,视力量为生命的本质要素,灵与肉、身与心在哲学上分属于两个世界,这种对立统一关系构成了体育竞技文化的不竭动力,并对体育与人的生命价值观产生巨大影响。追求生命延续与创造生命辉煌都是人的基本需求,问题在于如何协调二者的发展。

根据"物竞天择"的生命进化观,强者的和谐需要一个过程,必须通过激烈的对抗和竞争才能产生。对于中国传统体育而言,气功养生主要是"气"在动态对抗中延续生命,而竞技体育则是"力"在动态对抗中锤炼生命,二者有着一定的区别。值得一提的是,养生术发达的古代中国并未带来大众寿命的延长和身体体质的改善;主张创造生命辉煌的西方体育文化,由于大众参与的普遍性和可操作性,使生命质量和生存期限逐步提高。对此,深嵌于西方文化土壤之中的体育精神,与东方体育有着很大的不同。

目前,全球进入一个多元化发展的时代,社会文化内容不断丰富和完善,不同国家及地区之间的文化存在明显的差别,但这并不会阻碍其交融与发展。对于体育文化而言也是如此。在欧美文化推动下,奥林匹克运动逐渐深入全世界各个国家和地区,成为世界体育文化的主宰。在奥林匹克不断发展的过程中,各民族的传统体育文化也进行了努力的磨合。整个世界体育文化就是各民族体育文化不断竞争、融合与发展的过程。通过研究与分析中西体育文化的差异,才能了解我国体育文化与国外体育文化之间的差距,从而借鉴其有益的成分,取长补短,促进其更好的发展。

第二节 中西体育文化特征比较

一、中国体育文化的特征

我国有着悠久的历史,在长期的发展中,中国传统文化受儒家与道家等哲学思想的影响,逐渐形成了如今中国传统文化独有的特质。中国传统文化同样主张生命的不断延续,主张和谐、谦让与包容,贯穿中国传统文化始终的精神是以人为本。社会文明在不断进步与发展,在这一社会背景之下,中国传统文化的特质同样能够在中国传统体育文化中体现出来,这主要是因为中国传统体育文化是组成中国传统文化的重要一部分,而且很大程度上受到中国传统文化的引导。中国传统体育文化形态中融入了许多民族的不同文化,其中的主体文化是汉族文化。中国传统体育同样是各类体育活动的总称,主要包含了不同民族的养生体育活动、健身体育活动以及娱乐体育活动等。

对传统体育文化的特征表现起决定作用的是中国传统文化的特质。中国传统体育文化的主要特征表现为以下几点。

(一)以中国传统哲学为思想源泉

1. 传统哲学的"天人合一"

天人合一是中国哲学的根本观念,这是张岱年先生的主要观点。中国传统体育这一体育活动形式主要起源于农耕文化。传统文化的生存与发展离不开农耕经济这一重要的经济基础。在具备农耕经济条件的基础上,中国传统体育文化的发展还受到诸子百家文化的影响。

在旧社会时期,朴素唯物主义思想在那时非常流行。这对我国古代养生术和导引术产生了极为重要的影响。古代朴素唯物主义的哲学思想中,"天人合一"是最主要的观点。这一主张与观点认为,人体和世界万物始终处于运动变化的状态与过程中,因此,体育运动健身与锻炼在很大程度上影响着人的生老病死。如果人长时间处于静止的不运动的状态,就会对血液的正常流通造成阻碍,从而导致疾病的产生。古代思想家关于爱身与治身的一些方法与手段也是在此基础上提出的。保持身体处于运动状态是其中较为重要的一种手段,运动能够促进人体血液流通的通畅性,使人体具有坚固的筋骨与畅通的精气,从而保持健康,延年益寿。由此可见,我国古代体育文化中的一些保健与养生知识主要来源于古代朴素唯物主义的哲学思想。

2. 中国传统体育文化中儒家文化的影响

与西方文化提倡竞争与战斗不同,我国古代的传统体育文化重视礼仪和仁义,认为人只有同时具备了"仁、义、礼、智、信",才能称得上是拥有了理想的人格。中华民族传统文化对中庸和谐也比较推崇与倡导,这也是中国文化具有和谐与谦让特质的主要原因。但是社会的进步与发展离不开对竞争的需求,这一需求让中国传统文化难以适应。究其原因,主要是人们在历史的发展过程中受中庸思想的影响颇深,再加上封建君主的统治思想,导致社会上盛行重文轻武的现象。不过,古人养生思想的形成也离不开中国传统养生文化的影响。

体育可以说是一种不断进行自我挑战与超越的活动形式,通过参加各种形式的体育运动,能有效挖掘人的运动潜力,激发人的能量,让人们最大限度地发挥自身的潜能。体育运动充分结合了人的力与美,同时也包含人的智慧、力量、意志以及技巧等,如球类运动、传统武术等都是我国非常重要的体育运动项目,充分展现了中国人民的智慧与勇敢,展现了中华民族的精神意志品质。人性中那部分最积极、充满精神力量的要素通过体育运动充分表现出来。这一点与现代"奥林匹克"精神是相通的。

受历史传统因素的影响,我国传统体育文化非常重视体育教育的伦理及社会价值,追求"仁""德""礼"。从直观上来看,体育就是一种身体运动的行为与方式,但其中却蕴藏着高深的道德思想内涵,即我们通常所说的"武德"。中国传统武术历来非常重视习武之人的道德品质,倡导要习武,首先要修德,这与现代竞技体育所倡导的"友谊第一,比赛第二"是相通的。

在中国传统体育中还体现出朴素的"人本主义"思想,通过这一思想,人们能实现促进身体健康与长寿的目的。传统文化中的体育保健与养生所倡导的生命观是阴阳平衡,是重视身体锻炼的刚健与柔美,"阳"与"刚"能够促进人们生命活力的提高,"阴"与"柔"有利于体能的节约与身体的修复,因此强调人们在参加体育运动锻炼时必须要遵循阴阳平衡的基本原则和要求。

(二)中国传统体育文化注重养生与娱乐

经过长期的发展,人类社会逐渐形成了丰富而完善的文化体系,而这一文化体系在传播与发展的过程中,不仅要传导物质,也要传承精神。在传统文化发展的过程中能体现出人们的情感和意识,其反映形式不仅有动态的艺术形式,而且还有静态的造型艺术。传统艺术对文化观念的表现与反映是威严与肃穆的,传统文化对人们精神世界的影响是通过将文化观念转化为内在的精神力量来实现的。民族体育文化与民族的文化艺术密切相关,因此,加强二者的发展对于中华民族传统体育的发展具有至关重要的意义。

传统保健与养生体育文化的产生受传统文化的影响与引导,二者是相吻合的。中国传统文化深深影响着中国体育,使中国体育的发展独具特色,不像西方体育文化那样以竞技体育为主。儒、道、佛等文化的哲学思想也对中国传统养生保健体育文化产生一定的影响。古代养生与保健体育文化对形与神的统一特别注重,提倡在"天人合一"思想的指导下锻炼,来自行领悟体育的内涵,达到与"天、地、神"相统一的境界,使"心""意""气""形""神"和谐统一于一个整体中。传统保健文化还要求统一人的身体与整个天地,而且还要使人的身体能够适应四季的不断变化。传统养生体育文化不主张对抗,不能为了达到养生的目的而采用对抗的方式。而是鼓励人们在宁静自然的环境中,对自己的特殊生存能力和调理与引导外界物质世界的能力进行培养与提高。养生一定要兼顾形与神,同时修炼内在与外在。身体的健康离不开精神的健康,心理与精神在养生中的作用是不可忽略的,这一点在古代的养生中就已经认识到了。由此可见,养生体育文化具有区别于西方的独特性,表现出对可延续的生命的追求,而奥林匹克精神则是对高质量生命的追求,二者在这一点上有着明显的区别。

中华民族传统体育讲究动与静,其中以静为主,提倡休养生息,非常关注人与自然关系的和谐,以及人的身心全面发展。人类获取养生之道可以从古代总结出的有关延年益寿与强身健体的活动中吸取经验。

中国民族传统体育具有地域性、竞技性、表演性、观赏性、娱乐性等方面的特点。经过很长一段时期的发展,很多体育项目开始向娱乐化的方向发展,如蹴鞠,这一活动具有表演性和竞赛性的性质,具有很强的娱乐性。苗族的"芦笙舞"也具有一定的娱乐性,因为这种舞蹈的一系列动作都是在音乐的伴奏中进行的,而且动作的完成需要有一定的技巧,有着一定的难度。此外,还有黎族的"跳竹竿"运动,跳竿者需要具备高超的技巧和出色的身体素质才能完成动作。

(三)中国传统体育文化经久不衰

中国传统文化具有悠久的发展历史,作为传统文化的重要内

第三章 中西体育文化的比较及我国体育文化的缺失

容,体育文化的发展历史也比较长,它对整个人类的体育文化都产生了重要的影响。纵观我国体育文化的发展历史,不同历史阶段的优秀体育文化成果都能够从中国传统体育文化中彰显出来。

在原始社会萌芽时期,体育文化还没有出现。在那时,生产力极为低下,人类的认识水平也十分有限,体育文化难以有一个良好的发展条件。而随着社会生产力水平的不断提升,文化独立发展的条件也逐渐成熟,这为文化现象的出现与发展营造了良好的条件。

我国的传统体育文化是社会发展的一个产物,纵观其发展的历程,与我国历史的发展进程几乎是同步的。中国传统体育文化有着非常丰富的内容,主要包括中国古代、近代以及现代等不同历史时期的优秀体育文化成果。其在发展的过程中始终保持着自己完整独特的风格和健全的体系,这增强了中华民族的自尊心与自信心。另外,中国传统体育文化在发展的过程中还吸取了其他文化的优秀成分,这是中国传统体育文化始终保持活力的重要原因。

中华民族历史悠久,在长期的发展中逐渐形成了特有的体育文化,我国民族众多,可以说各民族创造与形成的体育文化都具有不同于其他民族的本民族特色。正因如此,各民族的体育文化才能获得持续的交流与沟通,从而获得共同繁荣与发展。中华民族的语言、心理、性格以及在此基础上形成的体育文化模式是民族传统体育的核心内容。各个民族的语言、心理以及性格是有差异的,这是导致各民族生活方式和体育文化有所不同的主要原因。民族体育文化所表现出来的不同又内化于民族的心理和性格等因素中,导致各个民族的风格各异。中国传统文化对人与人、人与自然的和谐统一关系比较重视,同时对人内在的修养和精神也比较重视。例如,武术、舞龙、舞狮等传统体育的发展都离不开传统文化的影响,这些体育形式都在一定程度上体现了中华民族的精神。它能锻炼人们的心智,启迪人们的心灵,提升人的品格修养,从而促进理想人格的形成。总之,不论是何种传统体育形式，都要讲究道德与体育的统一、身体与精神的协调发展，这是中华民族传统体育文化的重要内涵。

尽管各民族的体育文化存在较大的差异，但同时也存在一些共性，这使得它们相互借鉴与吸收，获得交融与发展。一项民族传统体育活动能在一定的历史阶段得以产生，并随着社会的进步而获得不断发展，主要是因为其能够真实地反映民族的精神面貌，这与民族成员的审美情趣和娱乐需求是相符的。随着社会的发展，民族传统体育活动的内容不断丰富，因此民族传统体育文化在层次上也不断拓展，在形式上不断创新，从而获得了可持续性发展。

对于一个国家或民族而言，文化的发展离不开民族的发展，同样，民族的发展也离不开传统文化的发展。一个优秀的传统文化能为民族或传统体育的发展创造良好的条件。中国文化的发展需要以对两大流域（黄河与长江）的依托为基础，其延续主要是通过对长江流域以及珠江流域的依托而实现的。中华传统文化不断辉煌与繁荣是因为其在内部拥有广阔的发展空间。在五千多年的发展历程中，人类经历了战乱、人祸与天灾等各种灾难，而中国传统文化并没有在这些灾难中消失，反而更加彰显了自己强大的生命力。中国传统文化不断延续其强大的生命力，并且表现出极强的向心力。任何一个少数民族入主中原，不论发生战乱，还是其他破坏性行为，都没有导致中华文明的分裂与消亡，反而促进了中华民族文化与外来文化的沟通与交流，进而使其获得了快速发展。

纵观整个世界历史发展的进程，中国文化是唯一没有中断过的、获得持续发展的文化，这是令我们非常自豪的一件事情。随着时代的不断发展，人们开始通过多种形式来对中国传统文化进行传播，促进其在世界各地区的发展，如体育文化、文学文化、艺术文化、哲学文化以及生活方式等。中国传统文化强大的生命力和向心力也可以在其传播中体现出来。中国传统文化在不断走向世界的同时，其重要组成部分——中国传统体育文化也在经历着同化、融合以及延续的发展过程，而且这一发展在古代封建时期达到了高峰。因此可以说，中国传统文化造就了中国传统体育文化,中国传统体育文化从中国传统文化中产生,又脱胎于中国传统文化,因此对中国传统体育文化渊源的研究一定要建立在研究中国传统文化的基础之上。中国传统体育文化的发展是与其他社会文化的发展息息相关的,是中华民族共同拥有的宝贵财富。其之所以能够得到传承与发展,其中一个非常重要的原因就在于其具有多样性与适应性。

二、西方体育文化的特征

受地域、风俗、环境历史等方面因素的影响,西方文明对现实功利的追求比较明显,他们提倡以平等为基础,追求自身的最大利益。在这样的背景下,西方逐渐形成了自身独特的特征,如奉行功利主义的道德观、具有强烈的竞争意识、崇拜力量等,这些都对西方体育文化产生了非常重要的影响。

体育运动充满着竞争,这也是体育运动的精髓之一。古希腊时期有着众多的城邦和狭窄的腹地,而且周边一些强大帝国也对这些城邦构成了极大的威胁,为谋求生存和发展,各个城邦必须要加强军备武装力量,必须要具有强烈的进取精神和竞争精神。这与中华文明的和谐发展观念有着一定的区别。

古希腊文化的发展是与自身特殊的自然地理条件分不开的,这也深深影响着古希腊的体育文化特质。如今西方开放的文化精神主要受古希腊竞争精神和对力量崇拜的直接影响。西方文化能够将发展目光始终投向世界,并善于从不同的文化中吸收精华,这是西方文化开放精神的主要表现。在西方文明的历史发展过程中,其吸收了周边许多先进文明的精华部分,从而获得了迅速的发展。

希腊文化之所以能获得健康持续的发展,其中一个重要的原因就在于古希腊非常繁荣的商业经济和较高的贸易水平,古希腊文化在发展的过程中吸收了其他文化中的精华部分,这造就了希腊文化高度的开放性,正因如此,西方民族的心胸不断开阔,视野不断拓展。这与中国保守的传统文化有着较大的区别。在西方文明的影响下,西方体育文化也逐渐形成了如今开放、激进的特征。如奥林匹克运动中倡导的更高、更快、更强就是受到了西方张扬的文化精神与品格的深远影响。

(一)西方体育文化多元的文化价值观

受西方文明的影响,西方体育文化主要呈现出开放性和外向性的特征。长期以来,西方体育文化的发展主要依赖于商品经济,主要是进行海洋贸易。互通有无是商品经济的主要特点。西方特殊的地理环境使欧洲人的生活方式表现出丰富性与多样性。然而,靠近海洋居住的生存条件具有一定的恶劣性,人们必须要具有一定的冒险精神和抗争意识才能更好地生存和生活。因此西方文明倡导个体的自由与竞争,鼓励个人激发潜力、超越自己。

西方体育文化还具有多元性的特点,这具体表现在民族的划分具有多样性,地域上呈现出民族的分散性特点。在西方体育形成与发展的过程中,不同文化背景下各个民族和国家的体育一旦产生,就被很好地融为一体并不会被轻易排斥。在人们选择运用这些体育运动时也体现出鲜明的多元文化特色。西方体育文化大家庭由不同民族丰富多彩的体育形式组合而成,经过不断地交融与发展,西方体育文化逐渐形成了一个庞大的体系,随着时间的不断推进而成为世界主流文化。

发展到现在,西方体育运动的影响力越来越大,对世界上各个国家和地区都产生了极为重要的影响。体育成为人们日常生活中的重要内容。而且在一些比较落后的国家中,开展体育运动特别是竞技运动主要是为了振兴民族,提高国家在国际上的地位。然而,如果人们以客观从容的态度,研究当代体育文化的发展历史,便会发现真正构成世界性文化的体育,几乎全部都是西方的体育内容。这一现象值得反思与探讨。纵观人类当前的运动盛况,西方体育正在以其特有的魅力而席卷全球,影响力扩散到世界各个国家和地区。

（二）最具代表性的西方体育文化——奥林匹克大会

奥林匹克运动是西方体育的重要代表，在世界上的影响力非常之大。众所周知，西方文明的发祥地是古希腊，现代奥林匹克运动会与古希腊有着密切的联系。奥林匹克运动是一个宏大的社会文化现象，其发展深深影响着社会的各个领域。在西方文明中，如在文学、历史、艺术中都能找到体育的影子，体育的影响力可谓非常久远。

在古希腊时期，各个城邦之间经常会发生各种战争。为获得战争的胜利，就要对士兵进行训练，其中体育锻炼对于身体素质的提高具有明显的效果，因此体育运动就成为士兵日常训练的一种重要手段。

古希腊时期，各个城邦开始设立练身场，练身场成为古希腊的重要标志之一。斯巴达城邦为了便于人们参加身体锻炼，规定严格遵守场馆规矩，参加训练时必须脱掉衣服，否则就会被赶出训练场，任何懒散的人都不允许停留在练身场及体育馆内。在雅典，大部分市民通常在下午就集中到训练场，在那里度过他们的闲暇时间。古希腊文化能够在希腊神话中得到一定的体现。希腊神话的显著特点就是神与人同形同性。古希腊布满神性，所有的人都希望与神灵亲近，祈求神灵对其眷顾，人们往往通过祭祀活动来表达对神灵的崇拜与信仰。祭祀活动的形式中，较为典型的是祭神歌舞、体育竞技和戏剧表演。据统计，在希腊雅典举行的此类祭祀活动超过 60 次，每年都有很多祭祀节日，这对后来的奥林匹克运动的发展产生了深远的影响。

历经长期的发展，体育竞技成为希腊人的重要生活内容，不断丰富着人们的精神文化生活。在这一时期，希腊人在一年当中参加各种类型的祭祀竞技活动以及社交娱乐活动的时间大约占到全年的五分之一。另外，希腊人天真烂漫、尚武卫邦、崇尚力量，这些精神都深受奥林匹克运动的影响。作为一种社会文化现象，古代奥运会对古希腊人民的身体素质训练起到了非常重要的作用,推动着体育运动的发展。可以说,体育运动深深地影响了希腊民族的心理、体格、思维和生活方式,在西方社会文化中占据着重要的地位。

(三)西方体育文化对力量的崇拜

众所周知,西方体育非常崇拜力量,这一点在希腊体育文化中能充分反映出来。通过希腊人对力量的崇拜这一现象的探索,我们能找到西方文明演化与发展的基本脉络。

在古希腊各个神话中,我们都能看到人们对力量的崇敬。希腊人非常崇拜英雄人物,其崇拜的这些英雄人物要有强壮的身体、高超的技巧、坚定的勇气和强大的力量。一般情况下,在希腊神话中,众多天神都具有非凡的神力,但伦理道德水准却不高。

在古希腊时期,不论是在海上进行军事战争,还是贸易之间的竞争,身体素质成为取胜的关键。这就是希腊人的力量观念和价值尺度。近代西方体育中崇尚的胜负竞争观也能够反映出欧洲民族对力量的无限崇拜,具体表现在田径项目的力量比较,体操项目的惊险与刺激,足球运动的粗野与活力等多个方面,总之,希腊人对力量的崇拜,这种现象在我国的传统体育文化中是很难看到的,因此说中西方体育文化存在着较大的差别。

第三节 中西体育文化差异

一、哲学思想方面的差异

(一)中国哲学思想

1. 中国古代体育文化哲学思想的渊源

我国是一个文明古国,很久以来我国就存在着朴素唯物主义这一思想。这一思想在很长一段时间里深深影响着我国的传统文化。如我国古代养生观和导引术中就蕴藏着古代朴素唯物主义思想。在导引行气中对"气"的理解较好地体现了朴素唯物主义思想。导引的整套动作，是以"行气"为基础的。"行气"，即呼吸运动，这是人类生命机体与外界进行物质及能量交换的基本方式之一，古人称"行气"为"吐故纳新"。当时的养生思想及养生活动，受不同哲学观点的影响，大致有两种发展趋势。其中一派是受先秦以来的朴素唯物主义哲学对人体的影响，与当时的医疗、保健及身体锻炼活动相结合，这是主流。另一派则受佛教、道家思想的影响，主张超脱出世，追求长生不老。二者存在着较大的差别。

古代朴素唯物主义哲学对于古代社会的发展产生了非常深远的影响，这一思想影响着社会各个层面。古代朴素唯物主义认为，人的健康与身体锻炼之间有着密切的联系。《吕氏春秋》在《尽数》篇中用"流水不腐，户枢不蠹"的比喻说明：身体不活动，"精气"就不流通，精气不流通则气郁积在人体的某个部位，就会生病。因此，他们认为，那种"出则以车，入则以辇"的舒适生活，会使人血脉不流通而招致疾病。为此，古代思想家还提出了爱身、治身的办法，就是经常进行身体锻炼活动，做到肌肉、皮肤使之致密，血脉使之流通，筋骨使之坚固，心志使之平和，精气使之通行，这样就可以健康长寿了。由此可见，朴素唯物主义哲学思想对我国传统养生产生了至关重要的影响，推动着我国传统体育文化的发展。

2. 中国古代体育文化蕴含的哲学思想

(1)"天人合一"的哲学思想

①"天人合一"思想的提出。

"天人合一"思想在我国古代哲学中占据着重要的地位，提出这一思想的哲学家是孟子，他说："尽心，知命，知天。"道家的老子主张："人法地，地法天，天法道，道法自然。"荀子虽然主张"明天人之分"，但其根本要求则在"制天命而用之"，从"人"这方面来统一"天"。就是"敝于天而不知人"的庄周也说:"天地与我并生,万物与我为一。"董仲舒则宣扬"天人感应",其论证"天人感应"之因即在于天人相合。王阳明说:"心即天""人与天地万物原是一体"。

②"天人合一"思想的内涵。

我国古代哲学家提出了"天人合一"的思想,这一思想对我国的影响很大。他们从各个角度来探求人和宇宙的统一性,并把这个问题作为中心问题来讨论分析他们的学说,从"天人合一"的思想中我们可以发现以下几个问题。

第一,在中国古代传统哲学中,"天人合一"的观念表现了它从总体上观察事物的思想,往往不多作分析,而是直接地描述。

第二,论证"天人合一"的基本思想是"体用如一",天道与人道的统一理念。

第三,"天人合一"的思想不仅没有把人道看成是僵化的,而且认为天道也是生动活泼、生生不息的。人类社会之所以能够发展,人们之所以提高,都是适应天道发展的结果。

第四,虽"天"为客体,人道要符合天道,但"人"是天地之心,要为"天地立心",天地如无"人",则无理性、无道德,这就是"道德"的人本观念。

③民族传统武术与"天人合一"思想的联系。

我国古代哲学思想认为,人体自身与宇宙万物之间存在着一定的内在联系。如在武术实践中,传统武术必须适应"天人合一"的思想,达到二者的统一,这样才能实现武术运动的目的。《天地桩合决》说:"象天法地,圆空法生,大小开合,唯妙于心。"这四句充分揭示出功法的思想来源于"天人合一"的哲学思想。古人从"象天法地"中体会到"圆"与"空"是大自然的基本特征,在武术运动中,"圆"则灵活多变,"空"则轻灵无滞,"圆"而又"空"则能做到活泼自如,循环无碍,变化无穷。在传统武术中,有不少拳种是按季节变化与人体五脏等相配合,这些拳种动作都充分体现出了"天人合一"的哲学思想。

第三章　中西体育文化的比较及我国体育文化的缺失

(2)"形神统一"的哲学思想

①"形神统一"思想的提出。

"形神统一"这一思想是由我国古代唯物主义哲学家荀子和范缜提出的,这一思想主要阐明了形与神之间的关系。他们肯定神依赖于形,形是神的物质基础,神依附于形而存在,形盛则神旺,二者是对立的统一。"形神统一"论对后世的哲学思想也产生了比较深刻的影响。

②民族传统武术与"形神统一"思想的联系。

"形神统一"哲学思想与我国的传统武术有着密切的联系。在武术方面,涉及的形和神包括多方面的内涵。就人体而言,"形"指形体,亦即身体,包括五官、躯干、四肢、筋骨皮等。"神"指精神、意识、思维活动;就其技术而言,"形"指手、眼、身、法、步等有形的动作特征,"神"指心、意、胆等无形的心理品质和气质;就外与内而言,"形"是外在的具体运动形式,"神"指内在的心理、精神内容。在武术习练中,习武者的内与外、形与神相互联系,形成了一个统一的整体。"形神兼修""以形传神"成为武术习练的重要要求。

在武术习练中,武术的动作不是简单的肌肉收缩运动,而是靠内在物质"气"或"神"的外化。意、气、神是武术运动的动力源泉。武术讲究"以意领气,以气催力",这充分体现出"形神统一"的思想。

(3)"中庸"和谐观

中国古代历来非常注重人与自然、人与社会,以及自身的和谐与发展,久而久之形成了"中庸"与"合道"的思想。这一哲学思想和观念在导引、气功和太极等传统项目中得到了深刻的体现。人们进行修身养性,其目的是与天地和谐、与自然相合,那种违背自然、违背健康机理的做法,不符合中国体育的本质。如中国体育讲求气的和缓运行,属于有氧代谢;而西方体育注重力量的展示,多数属于无氧运动。

儒家的"中庸"思想对中国传统体育乃至传统文化的影响非

常深远,这一思想要求人的行为符合社会伦理规范,不偏激,这是做人的根本;道家讲求自然大道,所谓"人法地,地法天,天法道,道法自然",即是要求人与自然相生相合,反对违背自然和离经叛道。总之,与西方体育相比,中国传统体育更讲求"中庸"与"和谐",追求人的和谐发展。

(4)中国体育的"天人"整体观

受封建思想以及各种哲学思想的影响,我国传统体育的整体观主要是立足于"天、地、人"的整体思想,主张人与自然、人与社会的和谐发展。天地人之间的变化关系在中国哲学中是以乾坤、阴阳、刚柔来对应解释的,那么,乾坤、阴阳、刚柔便成了中国体育的"运动神经",制约、调动着每一个运动细节。人在天地间的一举一动,都会受制于自然的影响,因此,人体的运动必须与天地保持协同,达到"天人合一",这样才有利于人的健康长寿。中国古老的《易经》有"天行健,君子以自强不息;地势坤,君子以厚德载物"的哲学思想,把人与天地紧密相联。人不能脱离自然而独善其身,就像动物总在受自然条件制约一样,不过,对人来说,适应只是基本条件,与天地相生相合才是终极目标。在道家看来,离开了"道"的人其任何行为都是失败的,道家认为"人法地,地法天,天法道,道法自然"。因此,道家的体育讲究养生,追求长生,效法自然无为,顺乎宇宙规律,与道合而为一。这种把人置于天地间,把人看作自然之子的态度,是统观大略的哲学整体思维与科学系统思维方式。例如,我们从太极拳就能看出其中之奥秘。太极拳就是以人的肢体运动来体现这样的一种宇宙观:"太极→阴阳→五行→万物→人"的宇宙生化。经过细致的研究,我们就能分析出攻防、虚实、进退、动静等无不存在着阴阳对立统一的关系。

(5)中国体育的"禅定""无为"观

受历史方面因素的影响,中国传统文化与印度佛教文化之间有着密切的联系。随着社会的不断发展,佛教文化与中国传统文化逐渐交融与发展而成为中国传统文化的重要内容。因此,中国传统体育受佛教文化的影响非常大,在这样的情形下,我国的气功、柔术等都获得了快速的发展。

"无为"思想是由老子提出的,受这一思想的影响,中国传统体育产生了"以静制动""以柔克刚"的哲学思想,这对后世的中国体育文化产生了深远的影响。对于中华传统武术而言,受道家思想影响较深的武术门派和拳种主要有武当派、峨眉派、太极拳、形意拳等。在老子"无为"思想的影响下,这些武术门派和拳种都获得了长足的发展,一直延续至今并产生了重要的影响力。

在"无为"思想的影响下,中国体育主要表现出通过肉体的修炼直接影响精神,或者是通过内化精神来达到肉体的超越这一方面的特点。总之,中国体育文化重视观照心灵、意识和精神,重视心灵感悟、欲望指向和精神家园,而不是片面地渴求肌肉健硕、体力充沛与技能超群。表面上看,中国体育与世无争,实际上展现出的是一种"不鸣则已,一鸣惊人"的威力。受中国古代哲学思想的影响,中国体育非常重视精神聚合力和协同力。

(6)"气"的蕴意

与西方竞技体育相比,我国传统体育并不重视运动强度,而是主张"身心修炼"。气的作用必定与意念相符合,因此,太极拳论中就有了"以心行气,以气运身""意到气到,气到劲到",意念作用于气,使气有了特异功能。通过气的修炼与控制,使人与宇宙相合,达到"天人合一",因此,"气"在中国哲学中是宇宙之精。老子说:"道生一,一生二,二生三,三生万物。万物负阴而抱阳,冲气以为和。"由此可见,"气"在天地万物间的作用。

根据"天人合一"以及"以心行气,以气运身"等理论。中国传统体育把宇宙大气与体内小气结合起来,在运动中盈合、流转与收发,尤其是在传统武术大师的意识作用下,各种武术门派和拳种都获得了非常快速的发展。

3. 中国近代体育文化的哲学思想

(1)国力、武风与民族体质关系的思辨

毛泽东曾经说过:"体力充实,内部之事,原因之事也。"这是根据当时我国国民的体质得出的结论。他强调,中国人体力不充实,见兵就畏惧,所以武风不能振兴。面对鸦片战争、八国联军的入侵,中国国民体质带来了很大的困扰。毛泽东还指出,中国人身体健康的唯一办法是"坚实在于锻炼,锻炼在于自觉"。能文能武在于达到"心力"与"体力"并茂。综上所述,毛泽东对国力和武风不振与民族体质弱的关系进行了非常深刻的剖析,为后世的体育哲学思想研究提供了重要的参考和借鉴。

(2)"体育之功效"与人的全面发展的关系

体育锻炼对人体的作用早已被大量的实践和事实所证明,经常参加体育锻炼,不仅能增强体质,还能使人精力充沛,增强意志,使人们获得良好的社会适应能力,促进人的全面发展。

(3)辩证地看身体的强与弱

在旧社会时期,人们并不重视身体的锻炼,对身体锻炼主要持消极态度。那时的"天命说"就是这样一种深刻的体现。鉴于这种情况,毛泽东写过文章驳斥过这种"天命说",并充分肯定"勤体育则强筋骨,强筋骨则体质可变,弱可转强,身心可以并完,此盖非天命而全乎人力也"。为了进一步批驳"天命说",以证明身体强弱可以转变,他又列举了古今中外的一些实例。比如东西方著称的体育家中,有美国的罗斯福、德国的孙棠、日本的嘉纳等,这些事例都证明人的一生都发生着各种改变。他强调只要人们勤于锻炼,身体弱者也可以变强,强调了后天锻炼的重要性。总之,我们应辩证地看待身体强弱的问题,不能盲目下结论。

(二)西方哲学思想

1. 强调以人为中心——以个人为社会本位

古希腊是西方文化的发源地,受地域和风俗的影响,生活在这里的人们普遍养成了心胸开阔、敢于拼搏和进取的民族性格。同时,良好的外部环境又为人们提供了便利的郊外活动的条件,这造就了古希腊人喜欢户外体育活动的习惯和崇尚自然的审美情趣。希腊社会的世俗化与人格化,同雅典民主制所孕育的崇尚个人成熟、纵欲、享受的社会文化,发展了古希腊独有的人体审美意识、娱乐意识,即从个人原则和人格意识出发形成的体育风尚,构建了以个性发展、个体生命能力弘扬为主体的体育文化精神,并在西方社会世代传承和传播。至中世纪时期,西方社会神权凌驾于王权,宗教和教会支配一切,社会意识形态为宗教所控制,人性在宗教的压抑下消失在神权中,人的世俗价值从根本上被否定,体育被禁,体育文化唯一剩下的东西只有骑士体育和游侠体育。直到近代文艺复兴运动推动了宗教的改革运动,确认了"人肉统一"的关系,从而扫清了体育发展的思想障碍,确立了身心全面发展的基本原则,为人们打开了通向现代体育的大门。新兴资产阶级主张人文主义教育思想,倡导人的全面发展,强调个人的自我奋斗,在这样的背景下,西方竞技体育获得了快速的发展。

与我国传统文化不同,西方文化普遍强调个人独立和自由,认为人与人是分离的,人是具有个人精神的个体,倡导个人奋斗,"个人主义"成为他们的人生哲学和价值标准,这从西方的电影及文学作品中都能得到很好的体现。其表现在体育方面,西方体育文化的核心内容是"利我"性,"勇敢、竞争、自由"等的对象都是自己,表现出施动者是自己,受动者也是自己,没有他人的位置,这种以自我发展为中心的思想在社会各个层面都有所展现。

西方文化强调竞争,信奉物竞天择、适者生存的基本信条。在这样的环境下,就产生了以个体为本位的体育思想,他们的比赛是代表个人,参加体育活动纯粹是个人的爱好,这些思想也深刻地反映在奥林匹克运动上。西方人参加体育活动强调个性解放,宣扬个人独立和个人自由,推崇个人英雄主义,这些在西方各个国家都得到了深刻的体现。

2."以身为本"是西方体育文化的思想核心

"以身为本"是西方体育文化的思想核心,这一思想在各项体育运动中都有所体现。体育文化内容以竞技运动项目为主,以对抗与竞争为主要特征,通过对人体运动系统的训练,去调节机体的某些物理参数,如肌肉的工作能力等,使人体相对于自然时空,相对于他们的运动能力,"更高、更快、更强"。他们用机械力学原理解释一切自然现象和过程,以物理学、几何学的概念作为逻辑起点去推断人体运动的思维模式,体育文化具有规则明确、尺度客观、评价准确的特点。在挑战人体在时间、空间上对抗自然的极限能力中建立体育文化精神,为此而创造了跑、跳、投等极具竞技性的体育项目。他们按照人体解剖学、力学和生理学的理论去构建和规范形体动作和运动方法,利用具有针对性的肢体外部运动刺激人的有机体,通过"超量恢复"产生"适应性反应",使机体能力在极限条件下得到最大发展,以充分展示人体生命运动的能力。因此,西方体育又被一些学者称为"物理体育"。另外,"以体为重"竞争性强的西方体育文化,主张人们通过合理的手段宣泄不良情绪,满足成就感。体育运动具有群"育"性和群"娱"性特征,能满足人们体育健身和社会交往的需要。同时还能满足自己的各种精神需求,促进自身的全面发展。

二、思维模式方面的差异

(一)中国体育文化的思维模式

1. 顺应自然、人与自然和谐发展

人与自然和谐发展,这是中国古典哲学的主要主张,这一思维模式在传统中能够集中反映出来。这一思维模式的形成离不开"天人合一"哲学思想的影响,这一模式同时也在很大程度上影响了中国传统体育的发展。

人们在参与传统体育运动锻炼的过程中,人与自然的和谐统一是其一直追求的境界,他们与自然相适应,以大自然的变化规律为依托来安排锻炼活动,以此来获得身与心、阴与阳、物与我的平衡。正因如此,古代的武术练习者都非常重视在锻炼的过程中协调自身与四肢、气候以及地理等外在自然环境的关系,锻炼的内容和手段因为时间与地点的不同而不断改变,例如,人们在练习气功达到修身养性的目的时,练习场所会选在清静优美的自然环境中,使个人的身心与大自然融为一体。如果不顺应大自然的规律而运动,会对身心的健康不利。这也是中国武术受地域影响而形成不同拳种与流派的主要原因。

2. 形神兼备、动静结合

中国传统武术主张"形神统一","形神统一"就是指形神兼备、动静结合。我国古代哲学家荀子和范缜特别强调形与神的对立统一,这是"形神统一观"得以产生的哲学基础。在中国传统武术运动中,形神兼备与动静结合得到了集中的体现。在武术运动中,"形神兼备"与"内外兼修"就是"形神统一"的主要表现。

中国传统武术注重形神统一,这是我国传统体育的重要特征之一。通常来说,形指的是身体,神指的是精神、意识和思维。从不同层面分析,形与神有不同的解释。从外与内层面来看,形指的是外在的运动形式,神指的是内在的心理与精神;从技术层面来看,形指的是有形的动作特征,神指的是无形的心理品质和气质。形神统一的哲学观深深地影响了我国传统体育的发展,直至今天,这种影响也一直存在着。

(二)西方体育文化的思维模式

1. 重抽象思辨

西方哲学家历来都比较重视理性思维,在古希腊时期,哲学家们在探讨事物的真理时,通常采用抽象的逻辑思维方式。因此,西方体育文化中实证与分析的思辨思维方式起源于古希腊时期。在现代奥林匹克运动中,同时彰显了古代奥林匹克的精神内涵和现代社会的实效性,由此可见,体育的教育功能影响深远。

2. 注重主客二分

(1)主客二分的含义

古希腊哲学是西方哲学的开端和基础,很多的古希腊哲学家都对世界的"本原"进行了认真的思考,理性成为西方哲学的重要基础。古希腊哲学家致力于宇宙中人的位置、人的价值追求等各方面的研究。随着时代的发展,这些研究更加深入。

作为法国新哲学的开创者,笛卡尔认为,精神和物质形体都属于实体范畴,二者相互独立又永久并列,这就是"主客二分"的思维方式。后来康德、费希特、黑格尔等又加强了这一方面的研究,这种思维方式逐步得以发展。

"主观与客观的二分"是"主客二分"的本质,其主要表现在两个方面,即认识主体与客体的区分、实践主体与客体的区分。可以通过两个维度和五个方面来对"主客二分"的思维方式加以理解。

两个维度:"主观与客观的二分"以及"主体与客体的二分"。

五个方面:"主观与客观的区分"从"本体论""认识论""历史观"三个方面来认识,"主体与客体的区分"从认识过程与实践过程两个方面来认识与理解。

(2)主客二分思维的演变历史

在西方哲学史上,"主客二分"这一思维方式占据着非常重要的地位,主要经历了以下几个发展阶段。

①原始社会时期。

在这一历史时期,人类与自然界还没有完全分化开来,不存在主客体之间的差别,也没有自然科学的存在。

②古希腊时期。

发展到古希腊时期,自然科学获得了快速的发展。希腊思想家们认为,自然界规则的源泉是当时存在的自然中心论,而自然科学的形成又离不开自然界的秩序与规则。思想家们用运动体的世界来形容自然界。在希腊人看来,活力和灵魂是运动体自身能够运动的根本。但是在希腊人的思维中,运动体自身的运动与自然界的规则之间不存在必然的关系。他们认为自然界是有理性的,世界灵魂的生命历程在自然界中的每一事物中都会有所体现,而且在人的理智中也会有所反映。

③中世纪时期。

发展到中世纪时期,神学开始获得不断的发展。这一学说认为,上帝创造了自然万物和人,世界的本原是上帝,一切认识来源的最高存在也是上帝。在这一时期,宗教神学中主客二分的思维也获得了进一步的发展。

④文艺复兴时期。

发展到文艺复兴时期,主客二分的思维方式得到了进一步的延伸与发展。哲学家笛卡尔指出,精神和物质是一种理性主义的二元论,这两个实体之间是相互独立的关系,二者统一于上帝。笛卡尔认为,世界分为物质世界与精神世界两种形式,这是严格区分主体和客体的主要表现。

3. 重个体价值

人是万物的尺度这一理念是由古希腊哲学家普罗泰戈拉提出的。他将人的价值置于一个非常高的位置上。古罗马的民法比较发达,而古罗马的民法主要是处理平等主体之间的法律关系,这是个体价值的主要体现。

发展到欧洲文艺复兴时期,人道主义获得不断发展,人的价值受到尊重,人的个性得到极大的张扬。这在西方国家的各个层面都有深刻的体现。在法国历史学家托克维尔看来,个人主义是一种只是顾全自己的观念,它会使人与人之间的关系变得疏远。它其实是一种自私的利己观念,这不利于社会的团结与强大,它会对社会上的其他一切美德造成破坏。

个人主义进一步发展就会成为利己主义。霍尔巴赫认为,对别人的喜爱其实就是为了自己的幸福。随后麦克塔格特认为,个人依托社会发展,社会是促进个人发展的手段。施蒂纳(法国无政府主义者)甚至认为,个人就是中心,个人权利的获得才是进行一切事情的目的。

随着时代的不断发展,西方学者逐渐认识到个人主义的危害性,对这一思想进行了批评。卡普拉认为,个人主义是错误的生存观念,也是错误的竞争思维,它是人类只顾个体不顾社会、注重片面忽略全局的错误意识,会在很大程度上危害人类的发展。杜威认为,不受社会团体组织约束的个人都是危害社会的因素,他随后提出了"新个人主义"。后来罗尔斯又将新个人主义推向了高潮。随着时代的不断发展,传统的个人主义为了与新形势的发展相适应,需要对自身作出合理的调整,发展成为新的个人主义。

三、中西方体育文化价值取向的差异

(一)对体育与人的价值理解的差异

1. 中国体育文化对于体育与人的价值的理解

中国传统文化历来就非常注重人的内在气质、品格和精神修养等方面的研究,强调人的精神与气质是蕴藏在身体之中的,人的内在品格也通过身体表现出来。因此说,习武者的培养深受中国传统文化的影响。

儒家思想比较注重伦理道德,崇尚礼仪;道家思想则主张"无为而治"、顺其自然;佛家思想注重超凡脱俗,追求超脱自然的人格。以上几种文化思想流派在中国传统体育文化中都得到了一定的体现。

在古代,为获得理想的人格,人们经常参加各种各样的身体练习,这是中国传统体育的一个显著特点。中国传统体育中的大部分项目都有防治疾病、强健身体的功能,这在养生体育中体现得最为明显,如太极拳就是其中典型的代表。太极拳强调动与静的结合,注重意念的作用,强调的是习练中的一种状态与"境界"。

中国传统体育不过分追求运动强度,也不注重技术水平有多高,更多的是追求运动中的修养与精神,这与西方竞技体育存在着明显的差异。

2. 西方体育文化对体育与人的价值的理解

西方体育历来都比较重视身体美与精神美,与中国传统体育文化不同,他们崇尚"力量"与"美感",普遍认为理想的人物不仅是头脑善于思索与心灵敏锐,而且要拥有强壮的身体和矫捷的身手。古希腊人认为,一切善与美的本源都是来自匀称与强健的形体。从这一观念中就能看出西方人民的基本审美观,这种审美观念对西方竞技体育产生了深远的影响。

希腊的文化、教育以及艺术等方面都在不同程度上受到了对人体力量崇拜的影响,希腊人的体育价值观也是受此直接影响而形成与发展的。

西方体育价值观中,对塑造和培养人的完美形体特别注重。古希腊体育在发展中创造了许多促进人体发展的运动形式和方法,目的就是对理想人体进行培养与塑造。例如,起初古希腊体育比赛的主要运动形式是裸身运动,运动员身体的强壮和肌肉的健美能够通过这一形式展现出来。现代奥运会的大多数比赛项目均以体能与技能的较量为主,通过比赛判断人们身体素质的好坏以及技能水平的高低,人体的健美与力量在这些运动项目中能够得到完美的体现。

(二)对体育活动方式、手段的认识和理解的差异

1. 中国传统体育对活动方式、手段等的认识与理解

中国传统体育的主要目的是养生,对"养"尤其重视,传统体育文化认为人与自然应该保持一种和谐统一的关系。中国传统体育养生观认为,对人体健康和寿命延长起根本性决定作用的是"内调",即调节内部器官,使五脏六腑的功能得以正常发挥。此

外,传统体育文化对整体效果和直观感受也比较重视,强调对内部修炼的加强,要求充分发挥意念的作用,体育运动的练习不仅要求动作要形似,而且还要神似。受这种观念的影响,肌肉强烈收缩运动的活动方式在中国很少能见到,身体运动主要表现为内部的运动。

综上所述,在中国传统体育文化中,很少有如同西方一样只注重体育练习的手段和方法,专门性的体育竞赛也很少能看到。即便是赞美人身体的外形,也是基于人体内在的精神与气质而评价的。

2. 西方体育对活动方式、手段等的认识

西方竞技体育强调竞争,奥林匹克运动的格言——"更高、更快、更强"就充分说明了这一点。西方体育非常注重人体的运动美,崇尚人体外部运动与外在美。西方体育中的大多数活动都是肌肉强烈收缩的活动方式,强调运动要有高强度,要求锻炼并提高人体的综合素质,从而提高人身体的力量性与审美性。除此之外,大部分运动还能展现人的身体美,能让观众获得愉悦的审美需求。

西方体育通常比较重视人体解剖结构和生理机能,倡导人们要科学参加体育运动锻炼,强调所做的技术动作要规范和标准,在这样的情况下,西方体育理论体系逐渐形成,指导着西方竞技体育的不断发展。

(三)对待竞技的态度和胜负观的差异

1. 中国体育文化追求"愉悦"的目标

对于我国传统体育而言,人们参与各种各样的体育活动主要是本着增强体质和愉悦心理的目的,这是中华民族传统体育文化追求的最终目标。这与西方竞技体育有着一定的差异。受历史、环境等客观因素的影响,中国古代体育比较缺乏竞争机制。以武术为例,武术的主要内容是技击动作,主要运动形式是套路和格

第三章 中西体育文化的比较及我国体育文化的缺失

斗,提倡内外兼修。尽管武术有一定的技击要求,但并没有一个客观而严格的衡量技击水平高低的标准,在技击的过程中强调"点到为止",这就很好地说明了这一点。武术在我国有着很好的群众基础,但人们习练武术并不以竞争为目的,而是在习练的过程中追求身心的愉悦和享受,不太关注胜负。

因此说,追求身心愉悦,获得良好的运动体验是中国古代体育最大的外在特征。这也是导致中国缺少具有竞技特征的体育项目的原因之一。当然,中国也存在一些具有较强竞争性的运动项目,如从吐蕃传到内地的马球,其竞争就比较激烈,它盛行于唐代,然而其在宋代之后就逐渐消失了。还有蹴鞠,这项运动类似于现代足球,有着较强的竞争性,但没有像英国的现代足球一样延续至今。

总之,追求身心的愉悦和享受是我国传统体育的主要特色,这一独特的体验使得中国传统体育极具风采,深深吸引着一部分传统文化爱好者。

2. 西方体育文化追求"胜负"的目标

与中国传统体育相比,西方体育充满着强烈的竞争性。从古老的奥林匹克运动直至今日,西方体育无不存在着竞争,他们渴望胜利,强调从竞争中获得胜利的喜悦。在古代奥林匹克运动中,许多运动项目比赛的最终胜负结果会影响到一个人的生命是否能够延续,有些人为了胜利甚至牺牲了生命。

西方体育的这种强竞争性给观众带来了愉悦的心理享受,但对于在比赛中失败的人来说,结局是十分残忍的。例如,在古罗马时代的角斗士的比赛中,每一场比赛中的失败者往往都是以死亡结束的。不断竞争与超越是西方竞技体育的内涵所在,它始终强调运动双方的较量与对抗。在西方竞技场上的胜利者被人们当作偶像一样崇拜,当作英雄一样赞美。在西方人看来,一个人的价值与尊严直接受到比赛结果、成绩以及名次的影响,一个人的一生是否成功,主要衡量标志就是在竞赛中所取得的成绩,成功者与失败者的人生是完全不同的。

　　综上所述,受西方国家历史、地域、风俗等各方面因素的影响,西方逐渐形成了开放、张扬的体育文化,这使得西方体育文化具有极强的胜负观。胜负观成为西方体育文化的一种外在体现和本质表现。这与我国传统体育文化有着明显的差异,西方体育文化追求的是比赛结果本身,并不是很注重运动者比赛中的表现。现代奥林匹克运动对这种强烈的胜负观进行了继承与发扬,表现出对力量与健美这一文化精神的积极追求。只不过,随着文明时代的到来,那种曾经在竞赛场上出现的血腥场面已经不再多见了,但在精神实质上,更快、更高、更强与早期的西方体育精神还是统一的。像现在的田径、球类运动等项目都体现了西方体育文化中的竞技与竞争的特征,与西方古代体育运动的竞争特性是相通的。

　　综上所述,中国体育文化与西方体育文化在价值取向上的不同是,前者注重过程,后者注重结果;前者追求愉悦,后者追求胜负;前者注重心理体验,后者注重外在功利。

第四节　我国体育文化的缺失

一、我国传统文化的缺失

　　自从进入 21 世纪以来,我国的竞技体育事业获得了迅速的发展,在世界大型体育赛事上取得了重大的突破,尤其表现在奥运会上面。中国从此成为一个世界体育大国,如今正向着体育强国迈进。但需要注意的是,我们在看到取得成绩的同时也不能忘了与世界体育强国之间存在的差距。我国在申办北京奥运会的时候,曾经申请武术进入奥运会,但最后没有成功,其原因在于我国武术本身的传统文化消失殆尽,很少人能弄懂传统文化和武术之间的联系,武术在全世界范围内的影响力还不够高,普及程度也不够,因此难以成为奥运会的正式比赛项目。然而,武术本身与传统文化有着千丝万缕的关系,传统文化的缺失对于传统体育的发展也是极为不利的。因此,正是由于自身传统文化的缺失,才导致了我国竞技体育的功利性。[①] 这一点需要引起高度重视。

二、我国体育文化对外来文化的吸收不彻底

随着西方竞技体育进入中国,如今竞争体育成为我国体育运动中的主流,像时下热门的足球、篮球、排球、网球等,无一不是西方竞技体育"入侵"的结果。要想充分了解这些运动项目,就要去了解它们的文化发展环境。如中国足球的水平饱受诟病,我们一直以来总是强调抓技术、抓训练,却从未想到从足球文化层面上去重视和发展。现代足球来自于英国,带着深厚的英伦文化色彩。足球中的规则也是充满了西方世界奔放、团队合作等精神,我们要在学习其先进技术的基础上学习和了解其背后的文化精神,这样才能获得突破。

三、体育文化的传承与发展存在问题

一件事物要想获得人们的认可,具备吸引力,就必须要有一定的文化气息和灵魂,对于体育运动而言更是如此,否则就失去了体育运动独有的魅力。比如奥运会中的举重项目,在日常生活中人们很少能够看到这一项目,对于人民群众来说这一项目比较乏味,这正是其中缺失了文化内涵的后果,导致难以受到人们的欢迎。而高尔夫球却正好相反,正因为它所具备的那种贵族气息和典雅的风范,让其在全世界范围内得到了传播与发展,究其原因,主要是因为高尔夫背后所蕴藏的文化内涵,人们对其充满着极大的参与欲望。

---

① 张立新.浅析中国传统体育文化及当代竞技体育中的文化缺失[J].体育科技,2014,35(4):42-43.

第四章 体育之基础——校园体育文化发展审视

校园体育可以说是整个体育事业发展的重要基础,校园体育承担着培养体育人才的重任,理应受到极大的重视。当前我国校园体育文化的发展还存在不少问题,在物质层面、精神层面和制度层面都或多或少地存在问题,因此对我国校园体育文化的方方面面展开具体的研究与分析,找出导致这些问题的原因,并采取有针对性的措施和手段去解决这些问题势在必行。

第一节 校园体育文化概述

一、校园体育文化的概念

(一)校园文化的基本含义

在搞清楚校园体育文化的概念之前,我们首先要认识什么是校园文化。为全面地认识与了解校园文化,我们主要从宏观和微观两个角度来解读校园文化。

宏观层面:在这一层面,校园文化的内容非常广泛,一切关于物质层面、制度层面和精神层面的文化都属于这一层次的内容。

微观层面:这一层面主要指的是校园课外文化活动。

宏观层面与微观层面的校园文化与我们通常所说的课延文

化有着一定的区别,二者的差异主要体现在地位及内容组成方面。课延文化主要是一种辅助性文化,是课堂文化的延伸。其发展对于学校文化的发展具有重要的意义。

(二)校园体育文化的概念界定

"文化"可以说是人类创造出的文明成果,这种文明成果对人类具有积极的作用。欧美等国学者将文化理解为人类创造的物质和精神成果的总和。

校园体育文化属于一种多元性体育文化,其在发展的过程中涉及的内容众多,要想实现健康发展,需要学校各方人员的共同努力。一般来说,课堂教学、课外活动、各类形式的校内外运动竞赛以及校园体育基础设施建设、校园体育制度建设等都属于校园体育文化的内容。总体而言,这些校园体育文化内容,既有精神的又有物质的和制度的。

校园体育文化主要是以校园精神为主要特征的一种群体文化,这一文化内涵主要体现在体育观念和体育意识等方面。正是通过这些方面的发展,校园体育文化的内容才逐渐丰富和完善,逐渐发展和形成一个一体化的校园体育文化群,这对于促进我国体育事业乃至社会主义精神文明的建设都具有重要的意义。

校园体育文化是由校园文化和体育文化共同融合而成的一个新产物,它属于体育文化的重要内容,也属于校园文化的内容。二者之间有着非常高的关联度,相互促进、相互发展。校园体育文化,其限定语为校园,也就是说校园是其发展的环境,离开了校园这一环境,就不能称之为校园体育文化。而体育文化也是一种限定,是关于体育方面的文化,而不是其他方面的文化。

一般来说,文化的产生与发展需要具备三个方面的条件,即文化创造的主体、文化施加的对象,以及文化发展的环境。这三个方面缺一不可,缺少了任何一个方面,文化都难以得到发展。校园体育文化可以说是人类文化的重要内容,其发展对于学校文化以及整个社会文化的发展都具有深远的影响和意义。

在校园体育文化建设与发展的过程中,文化创造的主体,即教师和学生在其中扮演着十分重要的角色,正是由于他们的共同努力才创造了如此丰富多彩的校园体育文化。加强校园体育文化建设对于学校教育的长远发展是非常有利的,理应受到高度重视。

二、校园体育文化的结构和内容

(一)校园体育文化的整体结构

校园体育文化体系非常丰富,其中包含各方面的要素,这些要素主要涵盖实体与非实体两个方面。如体育场馆、体育设备等属于实体性的体育文化内容,而校园体育精神、校园体育制度等则属于非实体方面的内容。总体来看,校园体育文化的结构如图4-1所示。

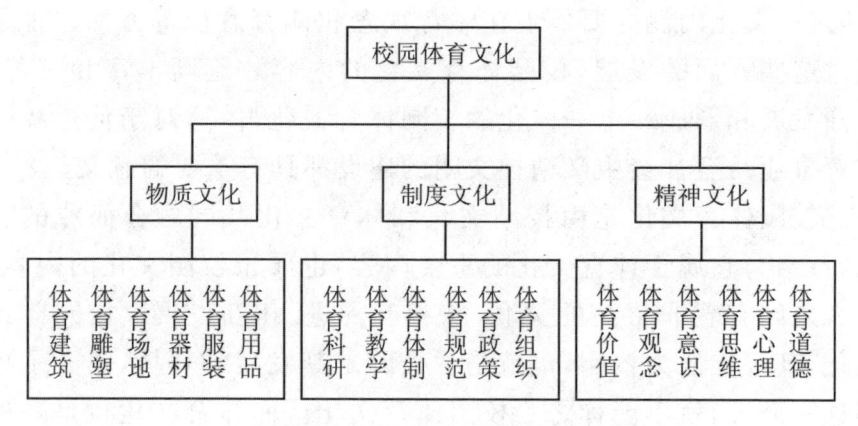

图 4-1 校园体育文化的结构

1. 校园体育物质文化

校园体育物质文化指的是那些实体性的内容,如足球场、篮球馆、各种体育设备器材等都属于这一方面的内容。这些内容都能被人们所直接感知,是体育运动发展的重要基础。可以说,物质文化是校园体育文化发展的重要基础和保障。

2. 校园体育制度文化

制度文化是校园体育文化的重要组成部分，它是精神形态与物质形态的中间层面，主要起一定的连接作用。在校园体育活动中，随时随处都能见到各种体育制度的"身影"，在体育教学、体育训练、体育科研、体育竞赛等方面都有所体现。大量的实践与事实表明，建立一个完善的制度文化体系对校园体育文化的发展具有深远的影响和意义。因此，一定要引起高度重视。

3. 校园体育精神文化

在校园体育文化体系中，精神文化居于主导地位，可以说，它是校园体育文化的灵魂，其在很大程度上决定了主体文化的目标。校园体育精神文化体系的内容也很丰富，主要包括价值观、审美观、娱乐观、意识形态等多方面的内容，是校园体育文化发展的重要保证。

(二)校园体育文化的基本内容

校园体育文化属于人类文化的一项重要内容，属于精神层次的文化，主要是由多种层次内容构成的一个整体。大量的实践与事实表明，校园体育文化是推动校园文化发展的重要动力，是校园文化的重要内容。在校园体育文化发展的过程中，学生和教师扮演着十分重要的角色，他们的各种行为活动既推动着校园文化的发展，同时其自身也在其中获得了一定的益处，由此可见，校园体育文化活动的主体与校园体育文化之间是相互促进、相互推动的关系，保持彼此间良好的关系，能够有效推动校园体育文化健康的发展。校园体育文化的构成内容非常灵活，有着多种多样的形式，主要包括早操、课间操、课外体育活动、业余比赛、运动队训练、体育比赛和表演、学校体育运动会等。由此可见，校园体育文化的内容是非常丰富的，能吸引热爱运动的学生的广泛参与。

三、校园体育文化的特征

(一)指导性特征

校园体育文化并非一个虚空的概念,其发展对于学校教育有着重要的影响和意义,具有一定的指导性特征。

校园体育文化的指导性特征主要体现在以下两个方面。

1. 校园文化的指导性受体育发展程度的影响

与国外相比,我国体育事业发展还比较落后,最初体育教育的主要目的在于"强国护种"。"强国之道,首重教育,教育之本,体育为先"这一说法延续了很长一段时间,深深影响着一代又一代中国人。中华人民共和国成立后,国家各项事业都有待于发展。为促进学校教育的发展,我国制定了大量的有利于学校发展的政策与文件,这就为我国校园体育文化的发展奠定了良好的制度保障。对于西方国家而言,他们也非常重视体育运动对人的强身健体和完善心理水平的作用,也采取了大量的措施与手段发展校园体育文化,营造良好的校园体育文化环境。发展到现在,学生的个性越来越强,因此重视学生的个性培养也是尤为重要的。

2. 校园体育文化的指导性随着时代的变化而改变

校园体育文化的指导性并非永久不变的,它会根据时代的不同发生着各种改变。现代社会快节奏的发展给人们带来了很大的压力,对于高素质人才而言也是如此。在现代社会背景下,学校体育的目的呈现出多样化的趋势,对人才的培养也发生了一定的转变。在当今全球一体化发展的背景下,我国的校园体育文化内容体系日益丰富,这对学生的思维与观念产生了极大的影响,同时也极大地影响着校园体育文化体系的变革与发展。目前,出现了大量先进的教育理念,这成为推动校园体育文化发展的重要力量。

(二)表现性特征

社会文化的传承方式有很多种,如最初的文字记录,如今的影像手段的利用等。对于校园体育文化的传承与发展而言也是如此。体育运动主要是以身体来展开活动,受运动方式不同的影响,各种运动都形成了自身不同的身体形态特点。受此影响,各类体育文化也呈现出不同的特征,包括身体形态及各种运动形式,正因如此,校园体育文化也表现出突出的表现性特征。

在学校体育教学中,存在着各种各样的教学方法,其中动作示范法是非常常用的一种。通过各种动作示范,各类体育运动呈现出不同的形式,正因如此,校园体育文化才得以很好地传承与发展。除了身体及动作上的传承外,语言也是一种非常重要的传承方式。在示范教学中,教师的语言讲解也是非常重要的,这也是校园体育文化传承的重要体现。以上都充分表明校园体育文化具有一定的表现性特征。

(三)民族性特征

受民族性因素的影响,校园体育文化也呈现出一定的民族性特征。这主要表现在运动项目与运动理念两个方面。如处于不同民族地区的学校,学校体育文化呈现出不同的民族特色;而在学校体育活动项目上,美国校园体育文化会更加注重培养学生的个性,崇尚关键时刻主宰比赛的英雄人物,篮球、橄榄球和冰球等是其代表项目。而我国比较注重团队,个人利益要服从集体利益,像拔河、跳长绳等民族体育活动就很好地体现了这一点。

与体育文化一样,校园体育文化同样也呈现出鲜明的民族性特征,正因如此,校园体育文化才得以进一步地传承。体育文化在传承与发展的过程中,逐渐形成了一个完善的体系,在这一体系之下,各种传播活动都具有较强的灵活性,能根据时代的发展和变化调整传播的手段与策略,从而促进我国校园体育文化的进一步发展。

(四)传承性特征

校园体育文化的传承性具体是指民族体育文化的接续与传承。随着时代的不断发展,当今校园体育文化的内容和思想与最初相比有了明显的区别,但从当今的校园体育文化中仍旧能找寻到文化传承的痕迹,这充分体现出校园体育文化的传承性特征。

(五)多样性特征

内容的多样性也是校园体育文化的一个非常重要的特征。作为校园文化的重要内容,校园体育教育承担着非常重要的任务。增强学生体质、培养学生体育精神、提高学生运动技能、促进学生身心全方面发展都是学校体育教育的重要内容及任务,正是在这样的条件下,校园体育文化才变得更加丰富多彩,这是其他文化现象都不具备的。

总体而言,校园体育文化的多样性特征主要体现在以下三个方面。

1. 理论与实践的结合

在学校体育教学中,理论教学与实践教学是两个非常重要的方面。只有二者的结合才能帮助学生有效提升自身的体育素质。通过理论与实践教学的结合,能够形成一个发展的良性循环,这对于校园体育文化体系的构建与发展具有重要的意义和作用。

2. 健身与文化的结合

体育运动的价值非常丰富,其中健身、健心、提高社会适应力都是非常重要的方面。而这些价值同时也是其文化价值的具体体现。在具体的实践中,要将这些价值与体育运动的文化价值结合起来,这对于校园体育文化的传播与弘扬具有重要的意义。

3. 民族与世界的结合

时至今日,我国学校体育教学中既有大量的西方竞技体育项目,也有民族传统体育课程,这就是民族与世界的结合,只有这样才能更好地推动校园体育文化的可持续发展。

四、校园体育文化的功能

(一)健康功能

1. 改善身体机能状况

校园体育活动的内容非常丰富,也有着各种各样的形式,这些活动对学校师生都有一定的吸引力,师生对此产生兴趣的一个很重要的原因就在于体育活动具有显著的健身功能。大量的实践表明,经常参与体育锻炼,能增强体质,增强人体抵抗疾病的能力。

如今校园体育活动的健身功能受到日益重视,大多数学校也开设了各种各样的体育课程。通过参加体育教学活动或课余体育训练,学生的体质水平得到了较大的提高,而增强学生体质也是体育教育的一个重要目标和任务。在体育锻炼过程中,人体血液循环逐步加快,心脏功能以及呼吸系统功能也能得到明显的改善与提高,这非常有利于青少年身体的健康成长。

另外,很多事实充分证明,参加大量的体育运动锻炼还能有效促进学生运动能力的发展和提高。通过参加体育活动,学生的肌肉能够获得很好的发育,而这又直接影响到学生运动能力的发展。一般来说,肌肉相对发达的学生,其运动能力就相对较强。经常参加各种形式的体育锻炼,学生的肌纤维变粗,从而提高肌肉的工作能力。学生在参加体育运动锻炼的过程中,新陈代谢速度会不断加快,从而促使身体机能水平得以发展和提高。除此之外,体育运动具有一定的复杂性特点,学生只有通过一定的考验才能获得成功,因此经常参加体育活动还能有效提升学生的心理品质,提高学生的社会适应力,加强刻苦学习的毅力,促进学生的全面发展。

2. 疏导心理的积郁

体育运动还有重要的心理疏导功能,这主要表现在经常参加体育活动能发展学生的个性,提升学生的思想道德品质。通过参加各种各样的校园体育文化活动,学生能从中获得深刻的感悟,能缓解学业与生活上的压力,能帮助学生提升精神状态,从而提升学习效率。另外,校园体育文化还能为师生营造一个良好的精神氛围,有利于协调校园中人与人之间的关系,促进校园的和谐发展。

3. 培养健康生活方式

人在成长与发展的过程中,会受到各方面因素的影响,如家庭背景、受教育水平等。在众多的影响因素中,教育因素起着非常重要的作用。一个良好的校园体育文化环境能为学生提供非常大的帮助,有利于学生学习效率的提高。除此之外,通过参加丰富多彩的校园体育文化活动,学生还能提升学习体育的兴趣,有利于终身体育意识的养成。

在现代社会背景下,人们的需求呈现出多样化与个性化发展的特点。为满足这些需求,人们开始寻找各种各样的途径和手段。而体育运动就是其中一个有效的途径。通过参加各种各样的体育活动,人们的身心都能得到极大的满足,生命的意义与价值得到彰显。另外,体育活动的内容异常丰富,大都具有竞争与趣味性的特点,倡导人们在竞争和挑战中获得乐趣,这能有效缓解人的心理压力,锻炼人的意志品质。因此说,经常参加体育运动锻炼能培养人的健康生活方式。这是校园体育文化健康功能的一个重要体现。

(二)教育功能

1. 育人功能

一般来说,校园体育文化的育人功能主要从两个方面反映出来。一方面,教师传授给学生体育知识与技能,提高学生的体育运动水平;另一方面,通过各种形式的课余体育活动,完善学生的知识结构,促进学生个性的发展,满足学生的多样化需求。由此可见,校园体育文化具有很好的培养人才方面的作用,我们要充分发挥校园体育文化的育人功能,为国家及社会的发展培养全面复合型人才。

校园体育文化具有鲜明的校园特色,在学校这一环境之下,校园文化以无形的力量推动着全校师生的发展,这是校园文化的一个非常重要的价值和功能。对于校园体育文化而言,它也具有这方面的功能,在学校教育发展的过程中,学校体育文化发挥着至关重要的作用。体育教学活动需要师生之间的共同参与,校园体育文化的教育功能,能有效改善师生的智能结构,挖掘师生的潜能,有利于素质教育的实施。总之,校园体育文化在培养师生思想品质和身心素质方面具有显著的效果。

2. 激励功能

激励功能也是校园体育文化一个非常重要的功能。这一功能主要表现在能有效激发学生学习的积极性,提高学生自觉参与体育学习的意识,还能培养学生良好的责任感,提升思想品质。因此,学校体育教学活动一定要秉持正确的体育价值观,教导学生以正确的眼光看待问题,能自己独立解决学习过程中出现的各种难题,这对于学生将来毕业走上社会尽快适应社会具有重要的意义。

通过体育教学活动及课外体育活动的开展,为学生营造了一个浓厚的体育文化氛围,在这一文化氛围下,学生的人际关系能得到有效的改善。另外,校园体育文化也为学生提供了良好的体育文化享受空间及创造空间,学生可以利用学校所提供的各种体育场地和器材参加自己喜爱的体育活动,从而满足自己的体育需求。发展到现在,体育活动的内容越来越丰富,通过参加各种形式的体育活动,学生的人生观、世界观和价值观更加坚定,不断激励着学生的成长与进步。

3. 智力促进功能

人体集中精力以稳定的情绪从事艰难、复杂、敏捷和创造性活动的能力就是所谓的智力。智力对于一个人的发展而言具有至关重要的作用。通过参加体育活动,学生能在愉快的氛围下获得各方面的提升,其中智力的提升就是非常重要的一方面。学生在参加体育活动的过程中,大脑能源物质与氧气供应都非常充足,这能促进学生大脑神经细胞的发育。除此之外,学生所做出的各种技术工作还能促进身体素质的发展和提高。因此,学生参加各种各样的校园体育活动,能很好地消除疲劳,缓解学业压力,从而以饱满的精神投入到学习之中。

4. 凝聚功能

在体育教学中,有很多项目是集体项目,如篮球、足球、排球等,需要多人之间的配合才能完成训练和比赛。在这些集体活动中,学生能够养成团结协作的意识和习惯,由此可见,校园体育文化还具有重要的凝聚功能。

要想推动校园体育文化的健康、快速发展,仅仅依靠个人的力量是不够的,还需要借助团队的力量,而在团队之下构建的校园体育文化又对个体产生重要的影响,反过来促进着个体的发展。随着现代社会的不断发展,人们对体育的认识也越来越深刻,各种体育活动都对人们产生了极为重要的影响。学生在受教育阶段也受到体育文化的熏陶,对学生的社会化发展起到了重要的影响。这些影响主要表现在培养学生的团队意识与精神,培养学生集体主义精神,使学生树立公平竞争的基本理念等。这些都是校园体育文化凝聚功能的体现。

一般来看,我国大部分的体育活动都是以集体的形式组织的,如体育课、早操、课间操、课余运动训练、体育竞赛等基本上都是以集体为单位来组织的,学生在参加这些活动的过程中,不仅能增强体质还能养成良好的体育习惯。因此说,一个良好的集体性校园体育活动对于学生体育观念和意识的养成具有重要的作用。

学生在参加各种集体性的体育活动时,需要与团队成员配合,需要具备良好的团队协作意识与配合能力,否则就会影响本团队的运动成绩。而要想形成良好的默契,完成良好的配合,必须要经过长期的练习。此外,学生在练习的过程中能培养自己良好的大局观念,能为集体的荣誉而奉献自己的力量。在参加各种体育活动的过程中,师生彼此间的感情逐渐加深,能极大地提升校园团体的凝聚力。

因此说,校园体育文化具有强大的凝聚力。在这样一种氛围下,每一位校园人都普遍认同与理解校园体育,团体成员在活动过程中彼此信任、共同奋斗,朝着同一个目标而努力。

(三)情感功能

1. 娱乐功能

发展到现在,体育已经深入社会各个角落,成为人们日常生活中的重要内容。另外,国家及政府部门也高度重视体育运动的发展,体育的影响力也越来越大,通过参加体育运动锻炼,人的身心都能获得健康发展,能以饱满的精神投入学习和工作之中。

在校园中,师生参加体育活动时,除了能增强身体素质外,人的审美、个性等也会相应地得到一定的锻炼,从而推动着自身不断发展和进步。由此可见,一个良好的校园体育文化氛围能有效提升和完善师生的心理品质,使人的精神面貌焕然一新。

2. 审美功能

体育运动本身就蕴含着丰富的美的内涵,因此其就具有重要的审美功能。具体而言,校园体育文化的审美功能主要体现在以下几个方面。

(1) 体态美

促进人体的体态美是体育运动的一个重要功能,这从以下三个方面得到一定的体现。

第一,通过参加体育运动锻炼,人的各项身体素质都能获得发展,如身体的协调性、灵巧性等,这些都与人的体态美有着直接的关系。经常参加体育运动锻炼或者观察体育赛事还能培养学生创造美和欣赏美的能力。

第二,体育运动是以身体动作为主的形式,运动者的各种技术动作的展现无不体现出运动之美。

第三,健美可以说是一部分人参加体育运动锻炼的一个重要目的,通过坚持参加体育锻炼,人的形体能够得到极大的完善,能提升自身的气质和风度,这都会对学生高层次的审美需求造成重大的影响。

(2) 鉴赏美

校园体育文化蕴藏着丰富的美的内涵,如语言美、心灵美、行为美等,这些美的元素对于提高学生的感受能力、鉴赏能力等具有非常重要的作用。除此之外,校园体育文化的美育功能还体现在其能抵制那些不良的、腐朽的审美情趣,引导学生树立正确的审美观。

(3) 运动美

校园体育教育有机融合了体育与美育,充分展现出了运动的美。例如,体操、田径、健美操等,这些体育运动项目本身就有很高的艺术性,再加上其所具备的竞技美、技术美和动作美等,使得这些运动散发出无与伦比的运动美。

3. 陶冶情操功能

总的来说,校园体育文化的陶冶情操的功能主要体现在以下两个方面。

(1) 陶冶情感品质

大量的事实表明,校园体育文化还能陶冶人的情操,使人获得良好的精神意志品质。人们在参加体育运动时,需要克服一定的困难和挫折(运动量、运动强度)才能实现健身的目的。在这一过程中,人们的意志品质能得到有效的培养和提高。总之,各种校园体育活动的举办能营造一个良好的校园文化氛围,推动学校素质教育的不断进步。

(2)提高思想修养

校园体育文化活动的影响力非常大,它对学生具有很强的感染力。体育运动能吸引众多的热爱运动的学生,学生在良好的体育环境与氛围中能丰富自己的知识结构体系,增强自身身体素质,而且还能很好地培养学生的集体主义精神,又能锻炼自己的意志品质。例如,体育竞赛活动能够在一定程度上强化学生的团队意识;体育讲座能帮助学生正确认识体育教育的基本理念;体育实践能很好地促进学生的个性发展。总之,通过参加各种各样的体育活动,能有效提升学生的心理品质,提高其思想修养。

第二节 当前我国校园体育文化现状

发展到现在,校园体育文化的内容越来越丰富,这为学生参加体育锻炼营造了良好的氛围。可以说,当前我国的校园体育文化建设取得了一定的成绩,但同时也存在不少问题,今后需要重点加以解决。

一、校园体育物质文化的发展现状

在校园体育文化发展的过程中,物质层面是其重要的保障,缺少了这一方面的内容,整个校园体育文化体系就不再完整,就难以获得健康的发展。在校园体育文化体系中,体育场馆、体育设备、体育图书等都属于重要的物质内容,通过这些物质化的内容的学习,学生的体育文化知识结构才能不断完善与丰富。离开了这些物质载体，人们的体育活动也便无法进行。

(一)校园体育场地设施现状

人们在参加体育活动时都会接触到体育场馆、体育器材、体育设备等这些物质，缺少了这部分内容，校园体育文化活动也就无法进行。因此，一定要重视体育物质文化方面的建设。

当前，我国大部分高校的体育基础设施建设还是比较完备的，能基本上满足学生学习的需求。但我们通过对部分高校的调查后发现，多数高校的体育场馆、体育器材存在着陈旧闲置、利用率不足的问题，影响着体育教学活动的开展，进而阻碍校园体育文化的发展。

据调查发现，学校优质的体育资源主要用于学校官方的体育教学和运动训练，导致体育场馆和体育器材的紧张和不足，无法有效培养广大学生的体育健身意识和习惯。

造成以上现状的原因有很多，通过调查与分析我们可以得出以下结论。

(1)我国幅员辽阔，各地区经济水平存在明显的差异，因此表现在学校体育基础设施建设方面也存在着一定的差距。除了经济方面的原因之外，还与学校领导的思想观念有着一定的关系，学校有关部门及领导对体育运动的认识不够，在当今激烈的学业竞争压力下，很多学校不重视体育教学的发展，对体育的投入也不够，这非常不利于学生参加体育运动锻炼。

(2)一方面，高校为追求短期利益和荣誉，牺牲了大部分学生的长远发展。另一方面，盲目扩招致使学校教育资源面临着十分紧张的局面。

(3)据调查，很多高校的体育场馆、体育器材的维护工作不到位，为节省开支，向学生开放的次数较少，学校体育场馆的利用率不高，不能很好地满足学生的体育锻炼需求。

(二)校园体育物质环境现状

为促进体育教学的发展，为学生创造一个良好的教学环境，学校有关部门必须要加大体育教学的投入力度,做好体育基础设施建设。处于青春发育期的学生,可塑性都非常强,受各种因素的影响,一些学生没有充分认识到体育的价值,对体育的认识仅仅停留在表面,而构建一个良好的体育物质环境有利于培养学生正确的体育观念,提高学生的体育文化素养。因此,在今后校园体育发展的过程中,一定要紧抓校园体育物质环境建设。

据调查发现,当前我国大部分高校还没有形成一个良好的体育物质文化环境,缺乏创造文化环境的意识。目前,大部分学生主要通过图书资料和网络资源来了解相关的体育信息,在校园网络和学生论坛中很少有关于体育文化的信息。据调查发现,高校中的体育雕塑相对较少,校广播或网络广播中宣传体育文化的也不多。

总之,目前我国大部分学校的物质文化建设力度还不够,缺乏主动创新的意识,也没有做好充分的宣传,这对于校园体育物质文化的建设与发展是非常不利的。为扭转这一局面,促进我国学校体育教育的不断发展,首先学校领导及相关部门就要转变旧有的思想观念,从精神层面上重视体育运动的发展,加大对体育教育的投入力度,集中力量加强校园体育物质文化建设,为学生的学习与锻炼提供良好的物质条件。

二、校园体育精神文化的发展现状

与校园体育物质文化建设一样,校园体育精神文化建设也非常重要,它可以说是校园体育文化的内核,对校园体育文化的发展方向起着重要的指导作用。校园可以说是人类社会的一个小群体单位,在这一群体之中,人的体育观念和体育行为存在着相似性的特点。因此,加强校园体育精神文化的建设能深深影响这一群体中的每一个人,这样能更好地实现体育教育的功能。当前,我国学校体育精神文化建设的发展情况如下所述。

（一）体育观念现状

体育观念无论是对于个人参加体育活动还是校园体育文化的发展都具有重要的作用。正确的体育观念能指导师生做出合理的体育行为，而不正确的体育观念则会导致师生误入歧途，不利于体育教育的发展。通常来说，师生的体育观念主要反映在体育健身、心理发展、智力培养、社会适应力提高等几个方面，在研究体育观念时要着重分析这几个方面。

目前，我国绝大多数学校的学生都能充分认识到体育的健身价值，但这种认识并不深刻，仅仅停留在表面，对于体育教育的深层次价值认识不够。

除此之外，有很多学生无法阐明体育观念的具体内容，更不用说付诸行动了。另据调查，反而是绝大多数的离退休人员能深刻地认识到体育锻炼对人体健康的重要性，能坚持长期参加体育健身，他们健身的项目主要有散步、秧歌舞、跑步、太极剑、太极拳等，这些项目都有很好的健身效果。

总体而言，大部分学生都能树立正确的体育观念，能认识到体育的健身、健心等多方面的价值，但了解得不够深刻。处于青春期的学生具有很强的可塑性，只要在平时的教学活动中加以适当的引导，就能很好地理解体育文化的深层次内涵。

（二）体育道德现状

随着现代社会的发展，人们之间的贫富差距逐渐加大，出现了心理失衡、道德沦丧等状况，因此注重道德素质的培养至关重要。大量的实践与事实证明，经常参加体育运动锻炼还能提升人的道德品质。学生在参加体育运动锻炼过程中所表现出来的一切行为都能在一定程度上反映出其人文素质以及道德品质。因此经常参加体育运动能有效提升学生的道德水平。如学生在参加篮球比赛中所表现出的责任感、公平意识、遵守规则的意识等都体现出学生的体育道德水平。

据调查发现,我国绝大多数高校的大学生都有着良好的体育道德,能够严格按照比赛的规则参加比赛,并且表现出强烈的集体荣誉感和爱国主义精神。在参与体育的过程中,他们都希望公平竞争、重在参与、团结一致,在具体的比赛中体现出积极参与、遵守纪律、表现自我、突破自我的良好素质。

相对而言,学生比较单纯,没有社会上世俗的功利心态,这对于培养学生的体育道德素养是非常有帮助的。但需要注意的是,受各方面因素的影响,目前我国有一部分学生的体育道德素质还欠佳,主要表现在团队意识不够,缺乏集体主义精神、缺乏规则意识等,这些都严重影响到学生的健康发展。因此,在平时的教学中,对学生进行体育道德教育是非常有必要的,这对于校园体育精神文化的建设也具有重要的意义。

(三)体育精神现状

大量的实践与事实表明,学生具有良好的体育精神对自身发展是十分有益的。"更快、更高、更强"是奥运会的基本理念,在学校中也要注重学生公平竞争、拼搏奉献等精神的培养,要不断提升学生的体育精神品质,这样才有利于学校体育教育的发展。

在培养学生体育精神的过程中,会受到体育传统、地域风俗、民族习惯、性别等各方面因素的影响。其中学校体育传统和学生性别的影响最大。如男生在体育比赛中表现出的拼搏精神要比女生强,这与男性争强好胜的天性有着一定的关系。而女生则表现出更强的意志品质,这也与女性天性中的隐忍与韧性强度较高有关。又如,一个拥有良好的体育传统的学校,通常具有浓厚的体育文化氛围,能很好地培养学生的体育精神;相反,如果没有一个良好的体育传统,培养学生的体育精神难度就相对较大。

另外,大多数学生在体育比赛中都能做到遵守规则、服从裁判,这体现出积极的一面,但当前我国学生的体育创新能力较弱,缺乏个性化的发展,这不利于创造一个良好的体育创新文化氛围,进而影响学校体育精神文化的建设与发展。

三、校园体育制度文化的发展现状

校园体育制度文化对于我国校园体育文化的发展也具有极为重要的意义和价值,其主要作用在于制约和指导学生正确的体育行为。

任何事物的发展都需要一定的物质基础和制度基础,校园体育活动的开展也是如此。一个健全的校园体育制度体系能保证校园体育文化健康的发展。在校园体育文化活动中,各种制度成为约束与规范学生体育行为的基本原则,正是在这一规则下,学生才能慢慢养成依规行动的意识和习惯。另外,一个良好的校园体育制度文化还能促进学生社会适应力的提高,从而帮助学生快速适应社会。

(一)体育制度现状

据相关调查与分析发现,我国高校教育部门能够按照国家下发的制度并结合本校的具体实际建立体育制度,但这些体育制度内容基本相同,缺乏针对性,不能为学校体育教育工作的顺利开展提供良好的保障,另外,在执行体育制度的过程中还存在工作不到位的情况,这就更加难以保障体育工作的顺利进行。

另据调查,我国有一部分学校的学生体质测试不够规范,得出的测试结果也不够准确和客观,有些学校甚至存在着一定的造假现象。

总体而言,为促进我国学校体育教育的发展,我国教育部门近年来也相继颁发了一系列关于学校体育发展的政策与文件,为学校体育工作的开展提供了一定的制度保障。但这些制度还远远不够,需要今后进一步充实与完善。

(二)体育传统现状

当前,我国校园体育传统活动主要包括校级运动会、校内学生体育联赛等内容。据调查发现,有一些学校还是比较重视学生的课余体育训练的,通常会定期不定期地举办各种体育活动,通过参加这些体育活动,学生的身心素质都得到了全面的发展。但需要特别指出的是,大部分的学校都不重视体育活动的开展,欠缺举办体育文化节、体育表演等活动的意识,这样不利于形成浓厚的体育文化氛围,不利于校园体育文化的建设与发展。

另外,在体育教学中,还存在着重实践、轻理论的现象,对体育理论课的重视程度不够,体育理论课的安排较少,一些体育专题讲座、体育知识竞赛等活动也比较缺乏,学校体育部门应该引起高度重视。

第三节 我国校园体育文化的缺失及原因分析

一、校园体育文化缺失的表现

(一)体育物质文化建设的缺失

通过调查与分析,我们可以发现我国学校物质文化建设的缺失主要体现在以下两个方面。

一方面,我国很多学校在体育物质建设方面存在严重的问题,缺乏必要的体育场馆、体育器材与设备,对体育设备及器材的维护也不够。而有一些学校只注重体育场馆规模等方面的建设,忽视了运动器材的重要性,这对于学校体育教育的发展是十分不利的。

另一方面,教师和学生对体育教学手段、教学工具的利用不是很满意。尤其是在使用现代多媒体工具方面要比其他课程有所欠缺。这一点在体育教学方面体现得尤为明显,这非常不利于学校体育教育的发展。

(二)体育精神文化建设的缺失

据调查分析,我国学校体育精神文化建设的缺失主要体现在学生对体育教学的价值认知不够,仅仅停留在表面,所学的体育知识缺乏理论性,教学方法比较单一,教学欠缺创新等。

体育运动有着深层次的价值与内涵,除了增强人的体质之外,体育的价值还充分体现在发展人的心理素质,培养意志品质,促进人的社会适应性等方面,但这些方面的价值似乎没有被学生深刻认识到,这对于校园体育精神文化的建设是非常不利的。大多数学校在开展教学活动时只注重技术性,重视了学生身体机能的提升,忽视了学生意志力的培养,不利于学生的全面发展。

据调查发现,当前我国的学校体育教学存在一定的文化缺失的现象,体育教学主要以技能传授和知识传授为主,忽略了体育的育人价值,还存在着重实践、轻理论的现象。实际上,体育理论也发挥着极为重要的作用,它可以激发出学生的情感和内在动力,从而提升学习的效率。但我国学校体育教学轻理论教学,重实践教学的这一做法,非常不利于学校体育文化的建设,也不利于学生的全面发展。

随着当今网络科技的日益成熟,学生们接收知识的方式也非常地多元化。但是,有一半的学生接收到的是传统的教学法,这种教学方式比较枯燥,难以激发学生学习的兴趣。因此,为激发学生学习的积极性,体育教师必须要提高自己的创新能力,设计出符合现代教育要求的教学方法或手段。

(三)体育制度文化建设的缺失

总体来看,我国绝大部分高校普遍都制定了严格的制度管理,涉及体育教师、体育场馆、运动器材等诸多方面。但这些制度大都属于监管制度,缺乏激励制度。因此,为促进我国校园体育制度文化的建设,一定要结合具体的教学实际制定一个完善的激励制度,利用这一制度鼓励体育教师在弘扬体育文化中发挥自己应有的作用。

二、缺失的原因

(一)强调技能,忽视文化素养

体育教育的发展已有很长一段时间,虽然取得了一定的成绩,但也存在不少问题。发展至今,仍然有很多学校不重视体育教育,没有深刻认识到体育教育的价值与意义,同时还缺乏先进的指导理念,这对于校园体育文化的建设是非常不利的。

因此,为促进校园体育文化的建设,首先就要从精神上重视起来,建立体育教育发展的正确意识,采取先进的教学理念去开展教学活动,这样才能获得理想的体育教育效果。但实际上,目前有很多学校迫于招生以及学生毕业的压力,不重视体育教育的发展,进行的体育教学活动只注重学生是否达标,能否获得优异的比赛成绩等,对学生在体育课堂的表现及精神风貌却很少关心,这种做法是不科学的,不利于校园体育文化的建设。

(二)强调课堂,忽视其他体育教学形式

在学校体育教育中,课堂教学是指导学生学习体育知识、提高运动技能水平的最为重要的形式。然而能提升学生体育素质的形式可以是多种多样的,我国的学校体育教育在这方面比较欠缺。只重视课堂教学而忽略了其他教学方式。其他的教学方式,如课余体育锻炼、体育俱乐部、体育培训班等都能很好地提升学生的体育综合素质,这些手段都应得到充分的利用。实际情况

是,绝大部分的学校都忽视了这些课余体育教学形式,学校的体育文化建设受到一定的阻碍,难以获得健全健康的发展。

(三)强调规范,忽视创新

在传统的教育模式下,教师都非常注重体育规范,体育教师在教学中拥有绝对的权威,能利用各种制度规范约束学生。因为体育课程与其他学科不同,动作技能训练难度较大,学生们往往会严格遵守教师倡导的规范。在这样的情况下,体育教师都严格按照教学大纲进行教学,缺乏创新性和自主性,无论是教学模式,还是教学手段与方法都沿用旧有的内容,这种呆板且缺乏创新的体育教学形式难以激发学生学习的积极性,不利于学生的全面发展。

(四)强调课余自治,忽视教师指导

随着学校体育教育的不断发展,课余体育锻炼成为学校体育的重要内容。因此,加强学校课余体育建设就显得非常重要。在当今教育背景下,为促进学生全面素质的发展,一切可以利用的手段与方法都可以拿来利用,这是提高学生体育文化素养的要求。因此,在上好体育课的同时也要加强学生的课余体育锻炼,学生的课余体育锻炼可以采用学生自治的手段,但也应该有体育教师进行一定的指导,而我国的学校体育课余活动很少有教师在旁提供指导。

目前,我国绝大部分学校的师生在课余时间共同参加体育活动的场景不是很常见。教师的一言一行、一举一动都会对学生产生重要的影响,因此,如果师生能在课余时间一起参加体育锻炼,必将有效激发学生锻炼的积极性,从而有效提升体育锻炼的效果,在这样的情况下,我国校园体育文化建设的风貌也会得到很大的改变。

第四节　我国校园体育文化体系的构建

一、校园文化体系构建的内容

(一)体育课

1. 理论课建设

理论课是体育课的必备内容,通过体育理论课教学,学生能从中深刻认识到体育教育的内涵和意义,并以积极的态度投入到体育教学之中。在具体的体育理论课学习中,学生能清晰地认识到健康的重要性以及参加体育运动锻炼的价值与意义。体育教师在教学活动中,要尽量贴近学生的生活和实际,传授的内容要合理,要讲究系统性,注意教授内容与时代发展的密切性,还要利用各种手段充分激发学生学习的积极性,提高教学质量。

2. 实践课建设

实践课是体育教学的重要内容和途径,这也是体育课与其他文化课程的重要区别。开展体育实践课的主要目的在于帮助学生学习和掌握体育技能,并教会学生运用所学理论知识来指导体育实践活动。因此,加强体育实践课程的建设至关重要。当前,在我国学校体育教学中,田径、球类运动、体操、武术、健美操等都成为重要的体育课程,深受学生的欢迎和喜爱,在未来的发展中,还要与时俱进、加强创新,挖掘与引入能促进学生身心健康发展的体育实践课程。

(二)课余体育训练

课余体育训练是指利用课余时间进行系统训练的教育活动。

通过课余体育训练能有效提升大学生运动员的运动技能,还能丰富一般体育爱好者的精神文化生活。这对于培养竞技体育后备人才来说也是一个重要的途径。

在学校体育中,体育特长生通过参加课余体育训练,能使得身体素质和体育运动技能得到极大的发展和提高,为将来从事体育行业或成为一名职业体育运动员奠定良好的基础。在具体的训练中,要坚持以学生身体素质发展与运动技能提高为主。青少年阶段是学生体能和运动能力发展的高峰期,如果在这个时期加强训练,就能促进身体素质的快速发展和提高,为运动技能的提高奠定良好的基础。

(三)课外体育活动

发展到现在,学校课外体育活动的形式越来越多样化,内容也较为丰富。一般来说,常见的课外体育活动主要有以下几种形式。

1. 全校活动

通常来看,全校活动的规模和影响力都比较大,与其他活动相比优势明显。学校相关部门对其进行统一组织与管理,这能减少很多不必要的麻烦,便于体育活动的开展。早操、课间操就属于典型的全校活动形式。

2. 班级活动

在学校体育教学中,班级活动非常常见,这一形式的优点在于课堂气氛活跃、有利于体育教师组织与管理、能获得理想的教学效果等。教学班是开展班级活动的基本单位,体育教师在其中起着重要的指导作用,而体育委员则负责组织班级活动的各项工作。

3. 团体活动

一般来说,在学校体育教学中,团体活动也比较常见,是促进学生全面发展的重要手段。团体活动主要由具有相同体育兴趣爱好和特长的学生自发组织而成，其形式非常灵活，来自不同年级、不同班级的学生都可以根据自己的意愿参与其中，实现自己的体育目标。

4. 小组活动

通过组织小组活动，往往能取得理想的运动效果。各小组中要选出一名组长带领组内成员参加各项体育活动。在参加各项体育活动时，要考虑场地、天气等各种因素，根据实际情况合理选择活动内容。

5. 俱乐部活动

经过多年的发展，体育俱乐部获得了不错的发展，建立体育俱乐部，需要综合考虑各方面的因素，如场地条件、学校传统优势、学校经济实力与师资力量等。要创建学校体育俱乐部，学校必须要有充足的资金作保障，其经费来源可以是学校经费、会费与社会赞助费用等。

学生参加体育俱乐部活动，其目的存在着一定的差异，如有些学生参加体育俱乐部活动的目的在于提高运动技能水平；有些学生参加体育俱乐部活动的目的在于丰富自己的精神文化生活；还有些学生的目的在于修身养性，获得快感。一般情况下，学校体育俱乐部都配有专业人员从中进行指导，能有效激发学生参与的积极性。

6. 教师的课外体育活动

教师也是学校体育文化的重要主体，因此也应对教师的课外体育给予必要的重视。开展教师课外体育活动，不仅能营造良好的体育文化氛围，还能有效提高教师的身体素质，缓解教师的心理压力，这对于教师开展教学工作具有积极的影响和作用。

除此之外，在日常生活和工作中，教师忙于教学各方面的工作,一般很少沟通与交流,与学生的沟通也比较缺乏,除了在课堂上交流之外,课外很少有交流的机会和时间,这不利于校园和谐人际关系的构建。针对这一问题,需要采取必要的措施加以改善。组织一些有利于缓解人们身心压力的体育活动是一种很好的手段。如学校相关部门可以组织教师开展登山、春游等活动,教师在参与这些活动的过程中,不仅能有效增强体质,还能消除心理紧张与疲劳,激发良好的精神状态。在这样的情况下,教师能更加积极地投入教学工作之中。

(四)体育竞赛

校园体育竞赛主要有以下两种类别。

1. 校际体育竞赛

通过校际体育比赛,能加强学校与学校之间的沟通与交流,实现共同发展。世界大学生运动会和世界中学生运动会就是典型的校际体育比赛。如今,这两项赛事已引申为国际比赛了,学生在参与比赛的过程中能树立较强的自豪感,实现自我价值。

2. 校内体育竞赛

校内体育竞赛是学校相关部门要结合本校的实际而组织开展的一种体育竞赛形式。在校内体育竞赛中,学生可以根据自己的特长选择自己所擅长的运动项目。通过参加这些竞赛活动,学生能有效提升身体素质,这对于将来走向社会后快速适应社会也具有非常大的帮助。

(五)体育文化节

发展到现在,体育文化节非常流行,通过学校体育文化节的建设,能宣扬与传播体育价值观念,通过学校体育文化节的举办,还能促进体育文化的传播,增进学生与学生、教师与学生之间的沟通与交流,增进彼此间的感情,这对于学校体育教育的发展具有重要的意义。

一般来说,学校体育文化节通常在相关的节日期间举行,其中篮球、足球、羽毛球等活动深受学生、教师的欢迎和喜爱,不仅师生可以参与,学校教职工、后勤人员、管理人员等都可以参与其中,这能极大地丰富学校体育文化主体的生活,培养集体荣誉感。

二、校园体育文化体系构建的原则

为促进我国校园体育文化体系的建设,除了要遵循事物发展的基本规律外,还要遵循一定的原则。其中主体性原则与统筹协调原则是构建校园体育文化体系所必须遵循的两个原则。

(一)主体性原则

主体性原则,即"以人为本"原则。为促进我国校园体育文化的进一步发展,我们必须要遵循这一主体性原则。学生是体育教学活动的主体,因此一切活动都应围绕学生进行。校园体育文化体系的建设也不例外。

随着现代教育的不断发展,教育理念也日益更新,注重学生的全面发展和个性化发展成为当今社会学校教育的一个重要理念。在校园体育文化建设的过程中,我们也应坚持这一理念,利用各种体育手段培养学生的体育观念和体育精神,帮助学生养成终身体育的意识和习惯。另外,还要教给学生组织体育活动的方法,提高其组织与管理的能力。这对于学生将来走向社会,更好地融入社会具有重要的意义。

总之,在平时的体育教学中,不论是课堂教学,还是组织各种形式的课余体育活动都要以学生为中心,充分调查与了解学生的体育需求,为学生营造一个良好的体育文化氛围,这样才有利于校园体育文化体系的建设与发展。

(二)统筹协调原则

校园体育文化体系中包含诸多内容,它属于一个大而复杂的系统，多方面要统筹兼顾、相互协调才能顺利运转。因此，校园体育文化体系的建设要严格遵循统筹协调的基本原则，确保一切活动顺利进行。

校园体育文化体系建设中的统筹协调原则主要体现在以下几个方面。

1. 课堂教育与课外活动的协调

一般来说，我国学校体育教育的形式主要有课堂教育和课外活动两种形式。这是校园体育文化建设的重点所在。

目前我国大部分学校都比较重视体育课堂教学，而在一定程度上忽略了课外体育活动的举行。与课堂教学一样，课外活动也是校园体育的重要内容，体育课外活动在很大程度上弥补了课堂教学的不足，是课堂教学的延伸和完善，因此理应受到重视。

2. 软件与硬件协调

"软硬"结合是校园体育文化体系建设的一个重要手段。所谓的软硬结合，主要是指硬件建设与软件建设。其中，硬件建设主要包括体育场馆、体育设备等方面的内容；软件建设则主要包括体育制度、体育行为等方面的建设。

为实现校园体育文化发展的目标，我们必须要软硬结合，尽量做到"两手抓，两手都要硬"，实现二者的共同发展，只有如此才能推动校园体育文化体系的建设与发展。

3. 与时俱进原则

任何事物的发展都不是固定不变的，而是处于不断地发展和变化之中的。随着体育运动的蓬勃发展，我国的校园体育文化也应做出相应的调整。发展到 21 世纪，人们的生活观念也开始发生一定的转变，各种体育项目受到人们的推崇，以往老百姓很难接触到的体育项目，像台球、保龄球、高尔夫等，如今在社会上也广为流行，得到了很大的宣传与推广。因此，在这样的时代背景下,校园体育文化也要与时俱进,跟上时代发展的步伐,注重改革与创新,实现可持续发展。

三、校园体育文化体系构建的途径

(一)加强媒体宣传力度

随着现代社会的不断发展,传播媒介和途径越来越多,用于宣传与推广的手段主要有标语、图片、广播、网络等。通过这些手段的利用,体育文化逐渐渗透到人们的日常生活中,对人们的思想观念及意识产生了重要的影响。对于身处校园的广大师生来讲就是他们真正认识到体育的内涵,激发学习体育的兴趣,促使他们都积极投入到体育锻炼之中,形成良好的体育文化氛围。这些都需要不断加强媒体宣传的力度,实现校园体育文化体系建设的目标。

(二)举办体育知识讲座与竞赛

各种体育活动的举办对于学生的发展而言具有重要的意义,目前我国大部分学校在每年都会举办一些体育运动会、体育文化节、体育知识讲座等活动,这极大地改善了学生的精神文化生活。绝大部分的学生对于这些活动也都充满了参与的积极性,都非常期待参加这些活动,这对于校园体育文化氛围的营造具有重要的意义。由此可见,如果这类活动和学生的期待相吻合,就成为校园体育文化建设的一个良好的渠道,推动教学进步。

以体育知识讲座为例,体育讲座的内容和形式可以多种多样,不要过分局限于某一个方面,各类讲座的主讲人也可以是各个领域的人,如运动员、记者、教练员、裁判、体育教师等。讲座的内容也可以是多种多样的,可以结合当前的形势,紧跟时事热点设计讲座内容以吸引学生前来参与,通过这些内容的讲解,学生学习体育的兴趣能得到很大程度的提高,进而提高主动学习体育和参加体育运动锻炼的积极性。

体育讲座与知识竞赛是一种非常好的形式,值得大力提倡和推广,但需要注意的是,这一形式在短期内并不会取得明显的成效,需要长期举办。因此,为取得理想的效果,要把眼光放长远,坚持不懈地举办下去。除此之外,大量的事实表明,开展体育知识竞赛也是一种有效的建设校园体育文化的手段。通过这一形式,能加深学生对体育知识的认识与了解程度,促进其自身的全面发展。因此,这两种形式要结合起来使用。

(三)加强校园体育文化中的体育队伍建设

校园体育文化体系的建设并不是短时间内就能完成的,它是一个长久的过程,需要有专门的人或团队对其的建设具体实施和控制。因此,加强校园体育队伍建设是尤为重要的。为更好地建设校园体育文化,需要注意以下几点。

1. 突出学生的主体性

在学校每个班级中,都会有不少的体育活动积极参与者,这些学生可以为体育骨干,他们可以成为体育教师的得力助手,在某些时候代替教师完成教学任务,带领大家参加体育运动锻炼。因此,在举办运动会期间,学校应该组织和动员学生参与其中,组织学生成立宣传小组,组织学生参与运动员号码的制作,比赛日程的编排,还可以组织学生参与裁判工作等。这样不仅能丰富学生的知识结构,还能提高其组织与管理的能力,从而促进学生的全面发展。学生是体育教学活动的亲身经历者,对校园体育文化氛围有着切身的感受,只有他们才最了解自己以及同学喜爱参加什么形式的体育活动。因此,体育教师要尽量选择具有责任心的体育骨干来组织一些体育活动,从而提高学生参与体育锻炼的积极性。

2. 加强体育教师的能力培养

教师在整个体育教学活动中都扮演着十分重要的角色,组织与指导着教学活动的顺利进行,因此,加强体育教师的培养与培训是非常重要的。教师在教学中的一言一行、一举一动都会对学生产生重要的影响,教师要以身作则,给学生做出良好的示范和榜样。因此,加强体育教师队伍建设,培养和提高体育教师的能力就显得至关重要。

作为一名合格的体育教师,必须要具备良好的理论水平和实践能力,除此之外,还要具备高尚的思想道德素质和职业精神,为学生做出良好的榜样,带动学生积极参与到体育教学活动之中。因此,为提高师资素质,必须要加强体育教师的培养与培训,将体育教师的培训工作当作一项重要的内容,对体育教师实施必要的考核,只有考核达标的教师才能进行教学,这样对于校园体育文化的建设才是有帮助的。

(四)加强对学生的校园体育意识文化的培养

校园体育物质建设和制度建设都非常重要,但同样也不要忽略了校园体育精神文化建设。而加强校园体育意识文化的培养则是校园体育精神文化建设的重要内容。

校园体育意识文化的培养主要包括学生和教师两个方面,只有二者结合起来才能实现培养的目标。

1. 提高体育教师的体育意识

体育教师在教学活动中扮演着十分重要的角色,一名具有良好体育意识的教师能更好地组织与管理好整个教学活动,带动学生建立良好的体育文化氛围。在体育教师培养的过程中,要努力提高体育教师对校园体育文化的认识,端正其教学态度,培养其责任感,制定相应的规范条例确保其教学工作的顺利开展。

2. 提高学生的体育意识

在加强校园体育意识文化建设过程中,要注意校园体育文化的宣传与推广,要充分利用各种宣传工具,如利用校广播、体育宣传栏、校园网络等。通过这些宣传手段的利用能帮助学生提高自己的体育意识，养成自觉参与体育锻炼的良好习惯。除此之外，体育教师还可以通过课堂传授或课余活动的形式让学生充分了解项目的规则、发展等情况，激发其学习的兴趣和求知欲，这样才能营造一个良好的体育文化氛围。

第五章 体育之主流——竞技体育文化发展审视

随着现代社会的不断发展,竞技体育已深入到社会各个层面,深深影响着人们的日常生活。可以说,竞技体育已成为人们日常生活的一种重要方式,对于很多人来说,每天都会关注和接触到有关竞技体育方面的信息,受其影响越来越大。因此说,竞技体育是当今体育运动的主流,其发展深深影响着一个国家或地区整个体育事业的发展。对于我国而言,当前是一个竞技体育大国,屡次在世界大赛上取得优异的成绩,而要想保持这一发展态势,除了进一步加强竞技体育运动训练外,还要加强竞技体育文化建设,形成良好的竞技体育文化氛围,这样才有利于竞技体育事业的可持续发展。

第一节 竞技体育文化概述

一、竞技体育文化的概念

当前,竞技体育文化内容越来越丰富,形式也越来越多样化,有着丰富的内涵和外延。而在竞技体育文化概念的描述上,历来就存在着一定的分歧,不同的学者有着自己的理解。下面主要列举我国体育专家及学者对于竞技体育文化概念的理解。

学者白晋湘认为,中华民族传统体育文化有着悠久的历史,其在发展的过程中非常注重修身养性,强调传统体育对于人体健康发展的重要意义,这导致传统体育的竞争性偏弱;而西方竞技体育文化则注重竞技性、休闲性和趣味性,能激发人们参与体育运动的兴趣,但却忽视了体育对人的道德教育,容易产生一定的暴力现象。[1]

学者曾志刚和彭勇认为,在社会主义现代化建设的今天,竞技体育文化发挥着非常重要的作用,其本身就蕴含着深刻的文化内涵和人本主义思想,这些内涵和思想与国家、社会及个人都有着密切的关系。[2]

学者邱江涛和熊焰认为,竞技体育的内核为竞技体育文化,发展到现在,竞技体育文化在现代社会扮演着非常重要的角色,社会地位也越来越高。[3]

学者张恳和李龙认为:"竞技体育追求对抗与竞争,在较量与竞争中实现价值,而中国竞技体育文化受传统思想及观念的影响,竞技性和竞争性相对弱化,追求和谐与发展,有着浓厚的健身文化和道德文化意味。"[4]这与西方竞技体育文化有着明显的区别。

学者李龙和陈中林认为,受我国封建社会传统思想的影响,中国的竞技体育文化普遍追求人自身与体育运动发展的和谐与稳定,不强调竞争,而是追求强健的身体,健全的人格和正确的人生观、价值观等。[5]

学者李秀则认为中国传统体育表现出"弱竞技性",大部分的传统体育项目都非常注重养生文化,"养生化"成为我国传统体育

---

[1] 白晋湘. 论中国民族传统体育文化与西方竞技体育文化的冲突与互补[J]. 北京体育大学学报, 2003(5).

[2] 曾志刚, 彭勇. 竞技体育文化的几点内涵探析[J]. 井冈山大学学报(自然科学版), 2006(2).

[3] 邱江涛, 熊焰. 竞技体育文化特征探析[J]. 吉林师范大学学报(自然科学版), 2004(3).

[4] 张恳, 李龙. 我国现代竞技体育文化的特征[J]. 体育学刊, 2010(8).

[5] 李龙, 陈中林. 现代竞技体育文化的和谐内涵[J]. 体育学刊, 2007(3).

的一个价值体系。而西方竞技体育则一般倾向于追求形体的完善和体格的健壮[①]。

综上所述,竞技体育文化是指包含了参与竞技的人自身的和谐、人与自然的和谐、人与人的和谐和国际关系的和谐等内容,同时在竞技比拼中还要秉承公平、公正和公开的原则,充满不断拼搏的意识和精神。

二、竞技体育文化的特征

竞技体育文化的内容和内涵都非常丰富,与之相应的是其呈现出鲜明的特征,这些特征主要体现在以下几个方面。

(一)规则性特征

竞技体育注重对抗与竞争,而这种竞争没有一个合理的规则是不行的。因此说规则性是竞技体育文化的一个重要特征。所有的竞技体育比赛参赛人员,包括运动员、教练员、裁判员等都要遵守既定的比赛规则,否则就要受到相应的惩罚。

从竞技体育发展的历程来看,竞技体育活动主体的规则性是自我约束机制的产物,是体育不同于其他活动方式的准绳,也是体育文化内部多种形态的基础。否则,体育运动就不可能是现在这一形态。竞技体育的规则性推动着竞技体育不断向前发展,而竞技体育的发展又反过来推动着竞赛规则不断更新和完善。

(二)互动性特征

体育文化是在人与自然,人与人长期的发展中逐渐沉淀而成的,这种积淀需要特定的条件、特定的背景,需要各方面的共同互动才能形成。竞技体育文化的形成与发展也是如此。

在竞技体育领域,有着多种活动主体,其中运动员、观众、教

[①] 李秀.中国传统体育文化与西方竞技体育文化的对比研究[J].职业圈,2007(7).

练员、运动协会等都是其中重要的组成部分,在体育赛事举办的过程中,他们之间充满了互动性,共同推动着体育赛事的发展。一般来说,在体育比赛举办期间,运动员、观众等都会因立场的不同而产生一定的冲突或问题,这一现象是不可避免的,赛事组织者要深刻认识到这一点,并制定相关的安全措施和手段确保体育赛事的顺利举办。另外,某些体育运动项目具有一定的相似性,活动内容的相似度较高,如乒乓球与网球,篮球与橄榄球,这些运动项目表现出鲜明的互动性特征。正因如此,竞技体育文化才显得更加丰富多彩。

(三)多样性特征

体育运动中的不同角色都会形成相应的体育文化形态。这是竞技体育的一个重要特色。如教练员与运动员相互合作,通过取得优异的运动成绩获得物质与精神的收益。而观众通过观看体育比赛则能获得愉悦的心理享受。对于体育比赛的组织者而言,体育活动成为社会发展中的一个工具,在体育产业化不断发展的今天,这种目的彰显无疑。还有一种形态,那就是竞技体育在当今商品社会逐渐成为一种商品,在国外,如球员转会实际是将运动员作为一种商品进行买卖。西班牙皇家马德里足球队来华访问,其目的主要是获得不菲的商业价值,然后才是俱乐部质检的沟通和交流。从这一点上来说,竞技体育中的不同角色都直接地产生了一定的经济效益和社会效益,随着现代社会的不断发展,我们要非常重视经济效益与社会效益的共同发展,不能忽视任何一方面。

竞技体育文化具有独特的内涵,它将体育作为一种简单的工具或方式来影响运动参与者的身心,参与者在参加各种运动的过程中能获得愉悦的心理享受,随着参与体育活动时间的不断增多,他们对于体育文化的认识也越来越深刻,同时也形成了正确的体育价值取向。随着体育运动的不断发展,竞技体育内容也呈现出多样化发展的趋势,处于不同区域、不同环境之下,竞技体育的内容也呈现出不同的活动形态,同时体育文化也具有一定的开放性特点,这使得不同区域间的体育文化可以沟通与交流,从而实现共同发展。总之,竞技体育文化就在这样的形势和背景下获得持续不断的发展。

对于不同的运动参与者,竞技体育文化表现出一定的指向性特征。如运动员参与体育运动主要是根据赛事组委会的指定,而普通民众参加体育运动则根据自身的喜好进行选择。后者表现出明显的自由度和随意性,但在参与运动的过程中,同样充满着"竞争性"。

总之,运动员的价值主要是通过体育赛事组织机构所组织的体育竞赛来实现,而普通民众则通过自发的体育活动来实现。这充分体现出竞技体育文化的多样性特征。

(四)功利性特征

竞技体育的功利性特征非常明显,这主要表现在活动主体在获得胜利或取得优异成绩后所获得的心理满足感和自豪感,同时还会获得可观的经济利益。一般来说,运动员的功利性主要表现在,通过参与各种比赛实现自我价值,得到社会的广泛认可,同时还能获得一定的经济利益,满足生存需求。

在竞技体育中,运动员所获得的一切利益都属于功利性的直接体现。在不同的运动项目中,活动主体也会表现出不同的功利性特征。如足球、篮球等竞技体育项目,对于普通人而言,他们主要是参与赛事欣赏和运动健身;而对于政府官员或赛事组织者而言,主要是获取最大的经济利益,由此可见二者的差异是非常大的。

除此之外,受各种因素的影响,同一个运动项目也会表现出不同的功利性特征。如南美足球表现出的是激情、自由和灵活;而欧洲足球表现出的则是纪律和严谨,二者有着极为明显的差异。

(五)选择性特征

在竞技体育运动中,存在着多个主体,不同的主体具有不同的选择,这一选择受到诸多客观因素的影响,如普通人很难参加一级方程式赛车这一运动,只有专业人士才能参与,因为这一运动对人的能力要求非常高。

总体而言,不同的主体在选择竞技体育活动内容时都会受到一定程度的制约和限制。与普通人相比,运动员选择的内容具有高度的专业性,他们普遍都具有较高的竞技能力与运动水平。受运动主体的影响,不同的运动主体即使选择了同一活动内容,但受自身水平的影响,活动方式也存在一定的差异。如专业运动员和一般爱好者在选择足球运动时,运动员不论是参加训练还是比赛都非常重视比赛中的对抗性,竞技性的意味非常明显;而作为足球爱好者而言,他们并不将竞争或取得比赛成绩放在第一位,而主要是追求娱乐或者追求彼此间的交流。这些都充分说明竞技体育文化具有一定的选择性特征。

(六)渐进性特征

在一定时期内,竞技体育文化具有一定的稳定性,但长远来看并不是一成不变的,而是一直渐进性向前发展的。在历史长河中,受各种主客观等因素的影响,竞技体育文化的内涵日益丰富并发生了不断的变化,这突出体现了竞技体育文化的渐进性特征。

竞技体育运动有着非常丰富的内容,运动项目众多,运动者可以根据自己的喜好自由选择运动内容,也就是说,运动者的选择余地非常大,但这种选择也受多方面因素的影响,呈现出一定的渐进性特征。如100米赛跑,运动鞋、运动衣的选择会影响运动员的比赛成绩;游泳运动中,游泳衣的使用也在一定程度上影响着运动员的竞技水平。总之,这都突出体现了竞技体育在运动过程中表现的鲜明的渐进性特征。

三、竞技体育文化对我国的影响

受西方竞技体育的冲击,我国传统体育文化的发展面临着巨大的挑战。西方竞技体育的"入侵"带给我们的不仅仅是运动方式的改变,还带来了文化价值观念的变革。总的来说,竞技体育文化主要对我国传统体育文化产生了以下影响。

(一)竞争观念

竞技体育非常注重身体与技术的对抗,因此具有较强的竞争性。这种竞争性深深影响着我国体育文化的发展,对于我国社会各个行业的竞争也产生了重大的影响。中华民族历史悠久,长期受封建统治的影响,人们的个性受到了很大的压抑,长此以往,国民体质羸弱,创新精神不足,缺乏竞争意识,与西方诸国逐渐拉开了距离。受长期闭关锁国政策的影响,我国在社会各个层面中都缺乏必要的竞争意识,这对于我国体育文化的发展是非常不利的。近些年来,西方竞技体育文化对我国的体育文化构成了极大的冲击,我国体育文化既面临着挑战,同时又面临着一个发展的机遇。竞争意识深深贯彻进竞技体育的骨髓之中,对国家社会文化也产生了极为重要的影响。

(二)公平意识

竞技体育竞赛要有一定的规则保障,否则就无法顺利进行。在竞技体育赛事中,教练员、运动员以及工作人员等都要本着公正、公平的原则参加一切活动。在竞技体育比赛中,所有的运动员都是公平和平等的,在同一个规则下参加比赛,如果尺度不一,比赛就难以顺利进行。

运动员在参加体育比赛的过程中,享有比赛的自由,要在正当竞争的条件下去获取胜利,避免出现不正当竞争行为。不正当竞争不仅对比赛结果产生重大的不利影响,对于整个赛事的发展也具有不良作用。

(三)国际化观念

尽管世界上各个国家或地区的政治制度和意识形态存在着

很大的不同,但竞技体育的语言是共通的,人们能够聚集起来在统一的规则下展开竞赛。从某种意义上说,竞技体育已经成为全球化的人类语言,通过参加竞技体育活动,世界各国人民能增进了解、加强友谊、促进世界和平。

经过长期不懈的努力,如今我国竞技体育的发展水平非常高,甚至成为我国的文化"形象工程"。随着国际比赛中不断夺取金牌,使得体育精神在很多领域中都具有极高的曝光度。在国际赛场取得的每一个成绩都增强了中国人的自信和尊严,深深影响着人们的思想观念和意识。

竞技体育注重对抗与竞争,这一竞争是在公平、公正的条件下进行的。体育比赛的胜利能振奋一个国家国民的民族精神,实际上这也是一个国家参与国际化竞争的形式。我国是一个历史悠久的文明古国,尽管受封建统治思想的影响非常深远,但是随着时代的不断发展,必将能清除长期封闭和僵化给民众带来的麻木情绪,通过竞技体育的引入与发展,必将极大地转变人们的思想观念,更好地提高我国体育在世界上的影响力,实现健康持续发展。

(四)规则意识

规则可以说是竞技体育的重要组成部分,没有了规则,比赛便无法进行,所有的运动员、教练员和工作人员等都需要遵守赛事组委会指定的竞赛规则,否则就要受到相应的惩罚。

(五)娱乐思想

受历史传统的影响,我国的传统文化比较保守,同时又都具有较大的功利性,并且很长一段时间以来都比较轻视游戏类的活动,认为参加游戏都是"玩物丧志"的表现。

需要注意的是,西方竞技体育中很多项目都是从体育游戏中发展而来的,这些游戏的娱乐性较强,对人的吸引力较大,具有明显的娱乐性特征。

竞技体育比赛场上的争夺异常激烈，人们通过观看体育赛事能获得心理愉悦和精神上的满足感，这是竞技体育娱乐思想的最为深刻的体现。发展至今，欣赏体育赛事已成为人们一种重要的生活方式，在人们的日常生活中占据着越来越重要的地位。

(六)道德建设

对于竞技体育运动队伍而言，精神面貌非常重要，有时良好的精神风貌会形成强大的战斗力，在强大的精神感召下往往能取得意想不到的成绩。因此，对运动队的成员开展集体主义教育和爱国主义教育是非常有必要的。

在竞技体育比赛中，运动员只有具备不屈不挠、团结战斗的集体主义精神，以及为国争光和乐观主义精神，才能在比赛中取得更好的成绩，这些精神与道德品质对于社会各个行业而言也具有非常重要的引领与促进作用。

第二节　竞技体育文化发展现状及存在问题分析

一、竞技体育运动项目发展现状

(一)田径运动

中华人民共和国成立以后，我国政府部门非常重视田径运动的发展，先后制定了一些有利于田径运动发展的政策与文件，在这样的保障下，我国田径运动获得了突飞猛进的发展。

20世纪50年代，我国女子跳高运动员郑凤荣一举打破了当时的女子跳高世界纪录，震惊了世界，为我国争得了荣誉。自此我国的田径运动开始逐渐在世界上绽放光芒。

20世纪80年代，我国男子跳高运动员朱建华先后两次打破世界纪录,这一纪录也是我国男子跳高运动员的最高纪录,至今也无人打破。

另外,我国的女子长跑也有着一定的优势,王军霞、邢慧娜等都曾获得过奥运会冠军,为我国争得了荣誉。

2004年,刘翔在雅典奥运会上夺得了110米栏冠军,打破了黑人选手在这一项目上的垄断,为中国乃至整个亚洲争了光。

2012年伦敦奥运会,我国男子竞走运动员陈定在20公里竞走比赛中获得了冠军,我国在竞走这一项目上具备了较强的实力。

2016年巴西里约奥运会,中国田径运动队一共夺得了2金2银2铜,可以说是一个非常好的成绩。随着现代竞技体育的不断发展,我国田径运动将会涌现出更多高水平的运动员,也将取得更加优异的成绩。

(二)体操

1. 艺术体操

相对于国外而言,我国的艺术体操发展时间不长,但即使在这有限的时间里,我国的艺术体操也取得了不错的成绩。伴随着体育运动的发展,艺术体操这一项目也被越来越多人认识和认可,获得了更大范围的发展。

1981年,我国艺术体操代表队在第3届四大洲艺术体操锦标赛中,获得了亚军。

2001年世界大学生运动会上,我国艺术体操队获得了集体五人项目的金牌,让人刮目相看。

2002年,中国成立了艺术体操队,经过多年的努力,艺术体操获得了快速的发展,并于2008年北京奥运会上获得了集体全能银牌的好成绩。而在之后的2014年艺术体操世界杯上,获得了一金一银的好成绩,取得了历史性的突破。随着体育运动越来越受到重视,我国艺术体操的发展前景还是比较广阔的。近些年来，我国体育部门也加大了对这一方面人才的培养，这对于体操运动的发展是非常有利的。

2. 竞技体操

与国外体育强国相比，我国竞技体操的起步时间较晚，但通过一段时间的发展，我国的竞技体操取得了令世人瞩目的成绩。

1982年，在第6届世界杯体操赛上，李宁一人夺得了6枚金牌，这可以说是世界体操史上的伟大奇迹。

1983年，在第22届世界锦标赛上，中国体操代表队获得了团体比赛的冠军，标志着我国竞技体育运动进入了一个新的历史发展时期。

1984年，在洛杉矶奥运会上，中国体操代表队获得了5枚金牌，展现出不俗的实力。

2005年，在体操世锦赛中，我国女子体操运动员程菲获得了女子跳马的冠军，为我国体育运动赢得了荣誉。后来国际体联用"程菲跳"为女子跳马动作命名。程菲为我国体育运动赢得了荣誉。

2008年北京奥运会上，中国体操代表队一举夺得了9枚金牌，震惊了世人。我国体操运动进入了一个黄金发展的时期。

2012年伦敦奥运会上，中国体操代表队遭受了前所未有的挑战和压力，最终获得了4金3银1铜的成绩。这一成绩可以说也是不错的。

2016年里约奥运会上，中国体操队表现不尽如人意，仅仅获得两铜的成绩，为历史最差，可以说中国竞技体操进入一个低谷期，今后需要继续努力，争取再创辉煌。

3. 技巧运动

技巧运动可以说是一项冷门运动。一般群众甚至有些体育运动爱好者都对这项运动不了解，甚至没有听说过这项运动的名字。但这项运动发展至今已成为我国非奥项目中的优势项目，其发展对于我国体育运动的宣传与推广也具有重要的意义。

(三)重竞技运动

1. 举重

自从我国发展举重项目以来,举重就一直是我国的重点项目,在世界各项大赛上都曾取得过优异的成绩。可以说,中国举重队的运动水平一直居于世界前列。在第 23 届奥运会上,中国举重队获得 4 枚金牌,从此迈进了世界举重运动的先进行列。之后的每一届奥运会上,中国举重队都屡有斩获。

2. 跆拳道

1995 年 8 月,为规范我国跆拳道运动的发展,我国成立了跆拳道协会,由跆拳道协会组织管理跆拳道的一切事宜。

1999 年 6 月,我国跆拳道运动员王朔夺得了世界跆拳道锦标赛的冠军,这也是我国跆拳道的第一个世界级冠军。

2000 年悉尼奥运会上,我国女子跆拳道运动员陈中夺得了女子 67 公斤以上级的冠军。

2004 年希腊雅典奥运会上,陈中又卫冕了女子 67 公斤以上级的冠军,而罗薇则获得了本次赛事的女子 67 公斤级冠军。这极大地推动了我国跆拳道运动的发展。

2012 年伦敦奥运会上,我国女子跆拳道运动员吴静钰夺得了女子 49 公斤以下级的冠军,是我国跆拳道运动队夺得唯一一枚金牌。

2016 年里约奥运会上,我国男子跆拳道运动员赵帅和女子跆拳道运动员郑姝音分别获得了金牌,为国家争得了荣誉。

(四)射击运动

我国射击运动的发展时间还较短。但通过多年来的发展,我国的射击运动也取得了不错的成绩。

1981 年,中国派出射击代表团参加了在阿根廷举办的世界射击锦标赛,从此我国的射击运动走上了快速发展的道路。

1984年,在洛杉矶奥运会上,许海峰夺得了男子自选手枪的冠军,这也是我国奥运会上的第一枚金牌,受到社会各界人士的广泛赞扬。

1992年第25届奥运会上,中国射击队取得了2枚金牌和2枚银牌的好成绩。其中老将王义夫夺得了男子10米气手枪比赛的冠军。

1996年美国亚特兰大奥运会上,中国射击队夺得了2枚金牌、2枚银牌和1枚铜牌。

2000年澳大利亚悉尼奥运会上,中国射击队夺得了3枚金牌、2枚银牌和3枚铜牌。

2004年希腊雅典奥运会上,中国射击队夺得了4枚金牌、2枚银牌和3枚铜牌。

2008年第29届北京奥运会上,中国射击队占据东道主之利,更是获得了5枚金牌、2枚银牌和1枚铜牌的历史最佳成绩。

2016年巴西里约奥运会上,中国射击队只获得了1枚金牌,这样的成绩难以令人满意。要想获得进一步发展,我国射击队必须要与时俱进,引进更加先进的训练手段,进一步提升竞技水平。

(五)其他运动项目

随着现代社会的不断发展,大量比较新颖的运动项目开始不断流入我国,如滑雪、滑冰、蹦极、登山、越野等各种各样的极限运动得到了一定的发展,受到年轻人的欢迎和青睐。一些项目还成立了运动队,在国内外各项赛事中也取得了不错的成绩。如我国的花样滑冰、短道速滑和速度滑冰等项目的实力就比较雄厚,屡屡在世界大赛中取得好成绩。这些运动项目的发展极大地提升了我国竞技体育实力,丰富了我国竞技体育文化体系。

二、竞技体育文化发展中存在的问题

随着时代的不断发展,竞技体育文化也会发生各种各样的变化,其中有些变化是积极的,有些则是消极的。而消极的变化则会引发各种问题,下面我们就具体分析一下这种消极变化所带来的问题。

(一)拜金主义在竞技体育中盛行

当前,竞技体育的商业化趋势越来越明显。竞技体育赛事的部门众多,当涉及自身利益时,一些组织或人员就会采取一些不正当手段。这样就导致竞技体育文化发展中出现各种不良现象。以足球为例,为获取利益,世界各国的足球联赛中存在着一些"黑哨""假球"等现象,严重阻碍着足球运动的健康发展。另外,一些运动员为获得商业公司的巨额赞助,在面对巨大诱惑时,往往选择铤而走险,从非正常渠道获得经济利益。这是竞技体育普遍存在的现象,严重制约和影响了竞技体育文化的可持续发展。

(二)运动员的运动理念出现偏差

当前,在竞技体育赛事越来越多的情况下,竞技体育的商业化趋势也越来越明显。为追求经济利益的最大化,一些运动队目光短浅、急于求成,不重视年轻运动员的培养,这严重影响和阻碍着竞技体育项目的进一步发展。为追求比赛成绩,当前的运动员培养理念出现一定程度的异化现象。运动队或俱乐部的教练员只注重运动员是否取得良好的比赛成绩,而忽视了运动员的科学培养与发展,运动员心理、社会适应力等方面的培养也比较欠缺,运动员在退役后由于社会适应力较差,难以适应正常的社会生活。因此,当前竞技体育运动员的培养理念应该受到极大的重视,要革新旧有的不符合时代发展的理念,既要重视运动员的比赛成绩,又要注重运动员文化知识、相关技能的培养,提高运动员的综合素质,从而为其将来走向社会打下良好的基础。

(三)政治因素参与到竞技体育之中

竞技体育的发展与社会环境有着密切的关系。竞技体育的发展离不开政治因素的影响,在竞技体育领域,尽管强调政治不能干涉体育运动,但实际上能做到这点是非常难的,历史上通过竞技体育运动来改善世界各国政治关系的例子也非常多见。如我国的"乒乓外交"就是一个很典型的例子,通过这一形式极大地促进了中美两国之间的交流与沟通,推动了两国之间的向前发展。

中国的"乒乓外交"就属于一个体育促进政治发展的良好事例,但有些国家或组织为了达到某种政治诉求而专门制造事端,极大地破坏了竞技体育的健康发展。例如1980年,出于政治因素的考虑,以美国为首的西方国家拒绝参加莫斯科奥运会,而作为报复,1984年前苏联为首的部分社会主义国家也抵制了美国的洛杉矶奥运会。这都是政治因素参与竞技体育的重要事例。

目前,和平与发展已成为世界的主流。在这样的背景下,政治因素对体育运动的影响也在不断降低。但是在特殊时期,政治因素还会发挥重要的作用,对竞技体育文化的发展产生极为复杂的影响。

(四)对竞技体育的狂热导致暴力事件频繁发生

竞技体育比赛一般都非常激烈,在赛场上常会发生一些暴力行为,包括双方运动员之间以及竞技体育爱好者的暴力行为。如在足球、篮球、冰球等身体对抗比较强烈,身体接触较多的运动项目中,常会发生一些暴力事件,在一定程度上影响了竞技体育的健康发展。

对于注重身体对抗的一些竞技体育项目而言,运动员通过利用自己的身体优势来获得主动,这符合比赛规则的要求,但是一些运动员为获得比赛的优势而采取"恶劣"的动作来伤害对方运动员,甚至是辱骂他人的做法都不符合比赛规则,应受到规则的惩罚。

在竞技体育赛场上,暴力事件是不可能完全避免的,甚至会经常发生。例如,在2012年埃及东部塞得港举行的一场足球比赛结束后,两队球迷发生暴力冲突,最终导致73人死亡,上百人受伤。2018年南美解放者杯决赛在阿根廷河床队和博卡青年队之间展开,但由于河床球迷袭击博卡球员,一部分球员被打伤,导致比赛推迟进行。可以说,这样的暴力事件数不胜数、屡禁不止,严重影响着竞技体育的健康发展。

(五)过度开发竞技体育资源导致生态环境遭到破坏

发展到现在,竞技体育早已走上产业化发展的道路,竞技体育的产业化发展需要更多的资源要求,国家也为此付出了大量的资源,包括物力、人力、财力等方面的资源。这些资源的耗费对于生态环境造成了一定程度的破坏。再加上大型竞技体育赛事对环境保护的不力,将会给举办城市带来一系列负面影响。例如,2014年巴西世界杯足球赛前期就有大量的市民走上街头抗议举办世界杯,他们认为这是浪费国家资源的行为。由此可见,竞技体育文化在发展的过程中确实遇到了一些生态环境破坏的问题,需要赛事组织者综合评估体育赛事,力争将体育赛事的不良影响降到最低程度。

第三节 竞技体育文化的发展走向与对策

一、竞技体育文化的发展方向

(一)在竞技体育文化中激发"享受体育"的发展方向

竞技体育是人类对自身运动能力的挑战,是人类对健与美的理想的不倦追求,是人类现代文明发展进步的一个窗口。① 在这样的理念下,竞技体育不仅仅只是追求最佳的竞赛成绩,而是转向"享受体育"方向发展,这可以说是竞技体育发展的一个方向。

"享受体育"的内涵非常丰富,运动员参加比赛可以说是一种享受比赛的过程,而普通的体育爱好者在参加体育活动时能获得愉悦的身心享受,这也是一种享受体育;球迷观看体育比赛,为精彩的比赛鼓掌叫好也是一种享受。

竞技体育的主要目标还是追求最佳的比赛成绩,争取获得最好的比赛名次,但绝大多数运动员都是名次上的失败者,除了一部分高水平的运动员外,有些运动员一辈子都没有获得过奖牌,也没有取得优异的比赛成绩。但是,这些运动员也不能说是失败者。在比赛当中他们同样也能获得与他人一样的人生经历和感悟,同样能获得成长与发展。因此,无论运动员能否取得优良的比赛成绩,这些经历都会是他们宝贵的经验。这些运动经历都会给运动员带来极大的价值,促进体育文明的发展与进步。

(二)竞技体育文化中坚持"人文理念"的发展方向

为促进我国竞技体育的发展,我们必须要将"人文理念"作为一个非常重要的发展方向。人是事物发展中最为重要的要素,从长远来看,这也是竞技体育发展的一个重要基础和保证。竞技体育的发展从本质上来说就是运动员的发展,即人的发展,因此坚持人文发展的理念是非常有必要的。②

在竞技体育发展的过程中,坚持"人文理念"符合时代发展的要求和规律,也为我国社会主义和谐社会的建设提供了新的思路和方法。这一理念主张以人的全面发展为核心,强调人是竞技体育发展的重要推动力。在这一理念的指引下,人们能够积极自觉参加各种体育锻炼,在增强自身身体素质的同时,还能促使人们

---

① 田麦久.试论我国竞技体育的科学发展与国际责任[J].武汉体育学院学报,2006(12).

② 联合国开发计划署.1994年人类发展报告[M].北京:社会科学出版社,1996.

以积极饱满的热情投入到工作之中,从而提高工作的效率。

　　运动员在参加运动训练的过程中,要对其施以必要的人文关怀,不仅要对其进行必要的理论知识教育,还要完善其心理品质,提高其独立自主学习的能力,这样才能促进运动员的全面发展。另外,还要建立一个合理的运动员退役后的保障体制,以免除运动员的后顾之忧,促使其将全部精力投入到训练和比赛之中。总之,在"人文理念"下,主张利用体育运动来充实与完善自己,促进自身的全面发展。①

　　另外,在"人文理念"的指引下,也能吸引众多的专家及学者开展关于竞技体育文化的研究,从而获得可观的研究成果,进一步丰富我国的体育文化理论研究体系,这对于我国竞技体育运动的发展具有深远的影响和重要的意义。

(三)竞技体育文化中倡导"绿色奥运"的发展方向

　　奥林匹克运动有着悠久的历史,历经长期的发展,奥林匹克运动已形成了一个丰富的文化体系。其影响力可谓渗透进社会的各个角落。由于奥运会的规模非常庞大,属于整个人类世界的大型盛会,因此必然会耗费大量的物力、人力与财力。在这样的情况下,国际奥委会提出了节俭办奥运的理念,这一理念与北京奥运会所倡导的"绿色奥运"理念不谋而合。

　　"绿色奥运",是指奥运会以及奥林匹克运动的开展应以不破坏自然环境为基本原则。它要求各举办国在准备阶段和进行阶段都要注重对现有资源的充分利用,并尽可能地对水资源进行保护,最大限度地对废物进行循环利用或合理处理;保护古建筑等自然和文化环境。竞技体育文化以"绿色奥运"为发展方向更能深刻地展现奥林匹克精神。②

　　北京奥运会所提出的"绿色奥运"理念有着深刻而丰富的内

---

① 衣俭英.论科学发展观视域下竞技体育文化的发展方向[D].吉林大学,2013.
② 肖焕禹,陈玉忠.奥林匹克运动与人类社会和谐发展的新理念探析——解读北京奥运三大主题[J].上海体育学院学报,2003(1).

涵,通过北京奥运会的举办与宣传,这一理念可谓早已深入人心,对后来历届奥运会的举办都产生了非常重要的影响。另外,"绿色奥运"这一理念还具有纯洁体育、阳光体育的内涵,它摒弃了不利于奥运会发展的成分,强调运动员、运动队的公平竞争,反对兴奋剂和一切不公正判罚等行为,极大地推动了世界竞技体育文化的发展。

二、竞技体育文化的发展对策

(一)坚持竞技体育文化"以人为本"的发展策略

21世纪最重要的是人才,在社会建设的各个方面,人才都扮演着十分重要的角色,任何事物的发展都离不开人才。对于竞技体育而言也是如此。我们要想构建一个健全和完善的竞技体育文化体系,首先就要坚持"以人为本"的基本理念,加强运动员、教练员、竞赛管理等各方面人才的培养,只有如此才能推动竞技体育文化的健康发展。

要想实现竞技体育的健康发展,不能只顾眼前利益,而要紧跟时代发展的形势,遵循市场经济发展的规律,坚持"以人为本"。除了注重体育市场的发展外,还要重视竞技体育市场对整个国家的带动作用,要充分利用竞技体育的影响力提升中国在世界上的地位。大量的事实已经证明,体育运动的发展是展示一个国家实力的重要窗口。

总之,在竞技体育文化发展的过程中,要重视各个方面的发展,市场效益、经济效益和社会效益要受到同样的重视,不能忽略了任何一方面。在培养运动员的过程中,要将运动员文化知识的培养与技能培养统一起来进行,努力提升运动员的综合素质。

(二)重视人与自然的可持续发展

当前,科学技术日新月异,对社会各个方面的发展都产生了深远的影响。可以说,如今高科技已渗透到社会的各个领域。高科技在带给人们便利的同时,也带来了诸多的社会文明病,另外对人类生存的自然环境也造成了一定程度的破坏。在竞技体育发展的过程中同样如此。因此,要想扭转这一局面,就要坚持人与自然和谐发展这一基本理念,在竞技体育文化发展的过程中加强对自然环境的保护,不能以牺牲环境为代价来换取竞技体育的发展。

大量的实践与事实表明,在竞技体育发展的过程中,如果一味追求经济效益和运动成绩难免会对生态环境造成破坏。如奥运会、亚运会等大型体育赛事的举办,会兴建大量的体育场馆,大兴土木,砍伐森林、侵占农田的结果就会导致生态环境的破坏。这种破坏行为是不利于人与自然环境的和谐发展的,因此发展竞技体育要重视人与自然的可持续发展,不能以破坏自然环境为代价。

(三)加强我国竞技体育文化与国际社会的协调发展

在当前社会背景下,竞技体育文化的内容越来越丰富,逐渐呈现出多元化和多样化的发展趋势,这是竞技体育发展的必然结果。要想建立一个更加健全和完善的竞技体育文化体系,就要加强与其他国家或地区的沟通与交流,走国际化发展的道路。对于我国一些竞技体育优势项目,如乒乓球、羽毛球、跳水、举重和射击等,在保证继续取得世界领先地位的同时也有责任向世界推广和宣传,加强与世界其他国家的交流。而对于我国一些落后或发展中的体育项目,如足球、网球、台球等项目,则要参考国外的先进经验,进一步提高这些竞技运动项目的水平。当今全球一体化的趋势日趋明显,国与国之间的联系更加紧密,在这样的背景下,我们必须要建立和形成一个与国际社会协调发展的态势,为竞技体育文化的可持续发展营造良好的国际环境。

(四)采取竞技体育文化的学校化发展模式

在当今社会背景下,国家与国家或地区之间的联系非常紧

第五章 体育之主流——竞技体育文化发展审视

密,各个国家的高校也加强了彼此间的沟通与交流,通过互通有无和相互借鉴,各学校都获得了良好的发展。而竞技体育作为学校对外沟通与交流的重要途径,一直就很受重视。因此,在当今全球一体化背景下,加强竞技体育文化的学校化发展,对于竞技体育文化的可持续发展具有深远的影响和意义。

1. 竞技体育文化学校化发展模式的概念

竞技体育学校化发展模式,是指将小学、中学、大学作为重要的载体,将竞技体育发展与教育有机结合的运动人才培养模式。在运动员的培养中,小学、中学是后备基地,大学是"踏跳板",这些途径为学生进入国家队提供了良好的机遇和条件。另外,在此基础上,高中或大学中运动天赋高、发展潜力大的人才可以直接进入职业俱乐部或业余俱乐部,进入国家体训队的机会就会提高,这也是一种竞技体育人才的培养方式。但是,竞技体育学校化发展模式作为一种重要的人才培养方式更为理想,是国家队人才培养模式的良好补充。

2. 竞技体育文化学校化发展模式产生的背景

竞技体育的发展对于一个国家或地区的发展而言非常重要,当前世界各个国家都非常重视竞技体育的发展,纷纷采取各种手段与措施培养高水平的竞技体育人才。高校是培养高水平运动人才的重要基地,而要在高校中培养高质量的竞技人才队伍,还必须要通过中小学优秀后备人才的传递这一重要途径。从中小学中选拔优秀后备队员,进入高校后重点培养是现在很多高校非常注重的培养模式,而且特别提倡在中小学阶段将文化教育与运动素质培养同时重视起来。

以排球运动为例,当前我国中小学都已经普及了排球运动,但一些高校并没有从相应的中学招收排球队学生。以橄榄球为例,因为运动项目的特殊性,所以在中小学开展得还不够普遍,但是高校从大学一年级到四年级注重对橄榄球学生进行系统的培养。竞技体育的发展需要依托教育手段才能得到更加持续的发展,发展水平才会不断优化。在竞技体育人才培养中,既要注重学生的运动成绩,又要注重其文化成绩,促进学生的全面发展。

3. 竞技体育文化的学校化发展模式

(1)竞技体育后备人才培养是一个完整体系

当前,我国关于竞技体育后备人才的研究比较匮乏,并且现有的研究也存在很多不足之处。与国外体育强国相比,我国竞技体育过于重视在世界大赛中的成绩,在一定程度上忽视了后备人才的培养与发展。现阶段我国关于竞技体育后备人才培养的研究成果也不多,且存在着很大的短板。总体而言,我国关于竞技体育后备人才的研究比较分散,缺乏整体研究,这就需要今后加强这方面的研究。

竞技体育后备人才的培养是一个庞大的体系,该体系中各要素互相联系、互相制约,才能构成一个有机整体。有研究指出,在竞技体育后备人才培养中,应重视文化教育、人才输出。人才培养体系包含六个部分,分别是学生选材、学生训练、学生文化教育、运动竞赛、运动管理和人才输出。

竞技体育后备人才培养体系属于一个独立完整的体系。在竞技体育理论研究中,应当将这一部分与成熟人才管理体系分开,为进一步的细化研究提供坚实的理论支撑。此外,在运动选材、文化教育、运动训练、运动竞赛以及科研管理上,也应当严格区分两大体系,分别展开研究与工作管理。

(2)竞技体育文化学校化发展模式的结构

从我国教育系统划分的教育阶段来看,应按照小学→初中→高中→大学的方向与顺序来培养人才。每个阶段都有不同的年龄划分、不同的训练内容,各阶段都有各自的特点,阶段相互之间的区分也比较严格。在教育系统中,竞技体育后备人才培养教育是非常重要的一个组成部分,教育系统统一管理这一部分中的竞技人才培养和人才文化教育。

一般情况下，高中或大学中具有较高运动天赋的人才会直接被业余俱乐部或者职业俱乐部选中成为俱乐部一员，在俱乐部对其展开有组织的专业的训练与管理，此时便从竞技体育后备人才培养教育阶段进入了竞技体育成熟人才管理阶段。各俱乐部在国家体育总局等国家体育管理部门的统一指导和协调下，独立"经营"，同时也不断加强各俱乐部之间的人才流动。关于流动的标准，主要由俱乐部董事会来设定。

另外，由我国体育管理部门组建的国字号队伍主要有国家队、国青队和国少队三大类，国家体育管理部门在其中扮演着组织、协调与指导的角色，也可以说是一个专门为培养运动人才而服务的部门。

（3）竞技体育文化学校化发展模式的管理体制

一般来说，竞技体育学校化发展模式管理体制的内容主要包括以下三个方面。

①结构调整。

第一，对体育局的结构进行适当的调整，精简不必要的部门。

第二，在原有的教育局结构中纳入体育局中学校体育的部分，促进两者的合并与发展。

第三，取消烦琐的机构设置，将原先的体校合并到中小学之中。

第四，结合我国竞技体育发展的形势，取消省市体工队。

第五，充分调查学校实际，将不适合在普通高校中开展的体育项目归到体育院校中开展。

第六，在高中、俱乐部和普通高校开展大众化的体育项目。

②经费场地调整。

第一，加强与教育部门的合作，加大竞技体育的资金投入，为我国竞技体育后备人才的培养提供良好的经济保障。

第二，加强体育基础设施建设，大力发展群众体育，这对于推动我国竞技体育的发展具有重要的意义。

第三，将现有体校及省市体工队训练场地开发为社区体育活动中心、社区俱乐部或学校课余活动基地等场地,免费向社区居民或学生开放。

③人员调整。

第一,在体育局的原有人员中,留少部分继续从事国家体育组织与管理的相关工作,向学校提供优秀的体育教师,使其为学校竞技体育的发展而服务。

第二,现有的体育人员中,一部分为群众体育事业的发展而服务,即融入服务性的体育协会及社区体育组织中,另一部分可指导职业或业余俱乐部的运动训练工作。

第三,建立相关的社区体育组织,招聘高素质的社区体育指导员。

第四,各级体校的优秀教师转入学校或社区俱乐部开展工作。

(五)做好竞技体育后备人才的选拔与培养工作

竞技体育后备人才对于我国竞技体育的长远发展具有深远的影响和意义,因此,做好竞技体育后备人才的选拔与培养工作是至关重要的。

1. 竞技体育后备人才的选拔

竞技体育后备人才的选拔不是盲目的,不仅需要有一定的依据,同时还要严格遵循一定的选拔原则。选拔竞技体育后备人才要严格遵循以下几项基本原则。

(1)广泛性原则

对竞技体育后备人才进行选拔,不是只测试实验室中少数人的素质与能力,而应在形式多样、丰富多彩的青少年体育运动中广泛进行选拔。我国地域广阔,人力资源丰富,所以必须进行广泛选材才能避免人才流失。在竞技体育后备人才的初级选拔阶段,广泛选材非常重要,中高级选材阶段的重点测试就是建立在初级阶段广泛选材基础上的。

贯彻选材的广泛性原则,首先要对选材的科学知识进行广泛普及。整个体育界都要承担起选材的责任,只有通过普及知识,让更多的体育工作人员掌握选材知识与技能,才有可能发现更多的竞技体育人才。

(2)可靠性原则

在竞技体育后备人才选拔中,所用的测试器材、方法必须符合相关标准与要求,达到一定的规范程度,从而增加测试结果的可比性与准确性。测试后要客观准确地评价测试结果,评价必须有科学依据,不能主观判断。此外,要准确预测选拔对象未来发展的可能性。这都体现了选材的可靠性。

(3)可行性原则

各地要结合本地实际情况,科学开展基层选材工作,如果本地条件有限,且得不到相关支持,就要在竞技体育后备人才选拔中尽可能避免采用那些对测试仪器、设备有较高要求的测试指标、方法,而以相对简单的、可操作性强的选材指标和简易方法为主。也就是说,选拔人才必须考虑现实条件,考虑可行性与可操作性。

(4)实效性原则

为了选拔出符合某项运动要求的后备人才,在选拔过程中要选择适宜的测试指标、方法手段,而这要通过多方面的测试预测、多年的跟踪观察,以及最终的实践验证才能获得。例如,在选拔篮球、排球项目的后备人才时,要着重考虑身高这项指标,而如果是选拔射击后备人才,就不适合将身高作为首要测试指标。总之,选材的内容、方法、指标要符合运动专项的特征,要有针对性,如此才能提高选材的有效性,取得事半功倍的效果。

(5)经济性原则

选拔后备人才,要考虑时间成本、资金成本、人力成本等,为了提高选材的经济性,应尽可能以最少的成本投入取得最好的选拔成果,创造最大的经济效益。

(6)多因素综合分析原则

影响运动员运动能力的因素既有先天遗传因素,又有后天因素。在竞技体育后备人才选拔的初级阶段,以先天因素的测评为主,在中高级选材阶段,以后天运动员能力的测评为主。

同样,有很多因素共同影响着运动员的运动成绩,某种因素的发展水平低下会制约运动员运动能力的提高,而如果其他某方面的因素发展较好,则有可能弥补一些缺陷。运动员的发展不是十全十美的,不可能所有因素都达到最佳状态,因此要弄清楚各种影响因素的主次关系,紧抓主要因素,特别是决定性因素,然后在这个基础上综合权衡。

(7)多方法综合应用原则

在竞技体育后备人才选拔中采用的选拔方法并不局限于一种或少数几种,采用多种有效的方法手段对青少年的运动能力进行测评往往能够取得更好的效果。

随着相关学科在竞技体育领域的不断渗透,运动员选拔的方法日益丰富,在选材体系还不够完善的当下,应尽可能将科学选材法与经验选材法结合起来,从而促进人才选拔效果的提升,但注意这两类选材方法不可相互代替。

(8)因人因项制宜原则

在后备人才选拔中,不管是选用测试内容与方法手段,还是制定指标体系,都要以不同的专项要求和被选者的个人特点(性别、年龄、训练年限、个人环境差别和个人条件的不同等)为依据。竞技体育中包含许多不同的运动类型,运动项目更是丰富多样,虽然人才选拔的程序基本相同,但因为影响不同项目运动成绩的主导因素是存在差异的,所以不同项目选材中的测试内容、方法及指标也是有区别的。先找出主导因素,再决定选用哪些方法与指标,这种选拔是比较科学的。

(9)选材与训练相结合的原则

运动选材是一个长期系统的过程,从某种意义上而言,较低层次的选材是为了适应更高层次的选材与训练。选材是育才的一部分,在不同水平的训练过程中都要不断选优,过程一般是教学训练、跟踪测评、预测分析、挑选淘汰。训练能够验证入选者的学习能力及可训练性，从而对其身心素质、技能以及未来发展潜力做进一步的判断。

(10) 当前测评与预测未来相结合的原则

在竞技体育后备人才选拔中，当前测评和预测未来都很重要，两者不可偏废。当前测评是预测未来的前提或手段，预测未来是当前测评的目的。运动选材的核心就是预测，即预测被选者未来是否有可能成为优秀运动员。这也决定了选材指标要有可预测性。

2. 竞技体育后备人才的培养

竞技体育后备人才的培养也要严格遵循以下基本原则。

(1) 科学性原则

科学性原则要求竞技体育后备人才的培养要严格按照科学发展观的要求构建人才培养体系，并以这一原则为基本要求开展各方面的工作。以人为本是人才培养的根本出发点与立足点，同时也是竞技体育后备人才培养的指导思想，走可持续发展的培养之路。

竞技体育后备人才的培养是在实践训练中实现的，在训练过程中要向相关体育科研机构、专业教练员以及运动员提供优良的训练环境与科研条件，改变落后的训练模式与方法，紧跟时代发展的形势，从而培养出符合社会需求以及能够为我国竞技体育事业做出贡献的优秀运动员人才。

(2) 协同性原则

在竞技体育后备人才培养中贯彻协同性原则，要求做到以下两点。

第一，注重将竞技体育后备人才培养体系中的每一个环节，要充分发挥系统内各要素的功能，处理好系统内部各要素之间的关系，促进系统整体功能的实现。

第二，招收体育特长生时，要适当扩大招生范围，学校要鼓励运动队多参与一些专业比赛，提高运动队的实战能力，同时也能提升学校的知名度。

(3)多元化原则

在竞技体育后备人才的培养中一定要遵循训练方式多元化以及资金筹备多元化的基本原则。

①训练多元化。

不同竞技体育后备人才之间在身体素质水平、运动基础、训练水平、技战术能力等方面存在或多或少的差异,面对具有不同个性的后备人才,要坚持因材施训,采取具有针对性和个性化的训练手段,同时注意训练途径的多元化,以提高训练效果。

②资金筹集多元化。

竞技体育后备人才的培养需要资金保障,培养体育人才的资金主要来源于国家财政投入。除此之外,社会各界的支持也是必不可少的,社会各界发挥自身资源优势,提供资金支持,有助于大大提高体育人才培养的效果。

第六章 体育之盛事——奥林匹克运动文化发展审视

竞技体育的内容非常丰富,其中奥林匹克运动是规模最大、影响力最为广泛的一项体育盛会。每当奥运会举办期间都会深深吸引全世界各国人民的目光,发展至今,奥林匹克运动可谓无人不知、无人不晓。目前,奥林匹克运动已发展到一个非常高的层面,形成了完善的文化体系,本章就对此展开细致的研究与分析。

第一节 奥林匹克运动概述

一、奥林匹克运动的含义

奥林匹克运动的概念有广义和狭义之分,对其进行有针对性的研究有助于我们更好地了解与把握奥林匹克运动的内涵。

(一)广义的奥林匹克文化

随着时间的不断发展,奥林匹克运动的内涵也越来越丰富,广义上而言,奥林匹克运动文化就是指一切与奥林匹克运动相关的物质文化和精神文化的总和。其中,物质文化主要是指一些客观存在的物质形态,如运动场馆、运动设备、运动服装等。精神文化则主要指的是奥林匹克对人精神世界和行为产生影响的文化。这两方面共同构成了奥林匹克运动文化体系。

(二)狭义的奥林匹克文化

狭义上而言,奥林匹克文化主要是指奥林匹克运动对人的精神产生影响的优秀文化,如奥林匹克格言、奥林匹克精神和奥林匹克主义等都是其中重要的内容。

(1)奥林匹克格言,"更快、更高、更强",对人类社会产生了极为广泛的影响。

(2)奥林匹克精神,指每一个人都有参与体育运动的权利,不受地位、阶层、年龄等因素的限制。

(3)奥林匹克主义,将提高人的体质、才智和意志品质作为主要目标,注重体育运动与文化和教育的结合,创造出一种使人们通过奋斗能娱乐身心的运动方式。

(4)奥林匹克宗旨,奥林匹克运动倡导友谊、团结和公平竞争,对于促进世界的和平发展具有重要的意义。

二、奥林匹克运动文化的内涵

发展到现在,奥运会的影响力越来越大,已经成为一种全人类的盛会。由奥运会所呈现出来的奥林匹克精神深深影响着人们,也极大地丰富了奥林匹克运动的文化内涵。

(一)和谐发展

和谐发展是奥林匹克运动文化的重要宗旨,和谐发展的意义在于促使体育更好地为人类社会的发展服务,促进社会和平,构建和谐的社会。通过参加奥林匹克运动,不仅能增强人的体质水平,还能锻炼人的意志品质,提高集体主义精神。由此可见,奥林匹克运动的内涵主要体现在身体和精神两个方面。通过这两个方面,促进了人类社会的和谐发展。

奥林匹克之父顾拜旦曾经说过,体育是增强一个民族体质的最为直接和有效的途径。其所著的《体育颂》对体育运动带给人类的作用大加赞扬。为了宣传奥林匹克运动,他不遗余力地鼓励人们积极参加体育活动,促使人们在身心两个方面都能得到良好的发展,最终实现人的价值。

(二)和平友谊

大量的事实表明,通过体育运动,世界各国人民加强了彼此间的沟通与联系,在各个方面展开了交易与合作,从而有利于实现减少战争、促进世界和平的目的。在古代,奥运会开始之前,人们会聚集在奥林匹亚宙斯神庙前,举行庄严肃穆的仪式,宣布神圣休战开始,各个国家和地区达成统一共识,在奥运会举办期间,不能有任何战争行为的发生,这体现出奥林匹克运动和平友谊的深刻内涵。

可以说,和平友谊是世界各国赖以生存和发展的重要基础,同时也是人类生存与发展的前提,而奥林匹克运动则很好地诠释了这一内涵。奥林匹克运动的各个方面,如奥林匹克精神、奥林匹克标志等无不体现出这一内涵。发展到现在,奥林匹克运动已成为世界各国人民之间沟通的桥梁,通过参与奥林匹克运动,世界各国人民之间建立起了真诚的友谊关系,促进了世界和平。

(三)公平竞争

奥林匹克运动有着极为丰富的文化内涵,公平竞争性就是其中一个重要的方面。奥林匹克运动的核心是体育比赛,而竞技体育比赛又充满了对抗与竞争,同时这也是竞技体育的魅力所在。奥林匹克运动不仅强调竞争,还要求在平等的条件下做到公平竞争,这也体现出奥林匹克运动深厚的文化内涵。

竞技体育运动的对抗非常激烈,不仅如此,其本身也具有很强的娱乐性特点。通过参加体育竞赛,运动员的体质和精神意志都能得到很好的锻炼,而观看体育赛事的观众也获得了心理享受。在人类社会发展的过程中,竞争起到了重要的推动作用。正是因为竞争,人们才能充分展现自己的雄心,促使自身获得进一步发展。奥林匹克运动倡导的公平竞争这一内涵深深激励着人们,对人们的生活、学习和工作都产生了重要的影响。

(四)奋力拼搏

运动员在参加奥运会比赛中,都想尽最大努力获取比赛的胜利,为国家夺得荣誉。但是,运动员要想实现既定的目标,就需要通过奋力拼搏,因此说,奋力拼搏也是奥林匹克运动文化的一个非常重要的内涵。"更快、更高、更强"是现代奥林匹克运动的格言,这一格言的内涵主要表现在两个方面:一方面指面对对手,敢于斗争,敢于胜利;另一方面指挑战自己、永不满足,向着自己的潜能和极限冲击,这就是奥林匹克运动奋力拼搏的深刻内涵。

(五)重在参与

"重在参与"也是奥林匹克运动的文化内涵之一。奥林匹克运动即包含竞争,通过竞争去获取比赛的胜利,但是胜利不是运动员参与比赛的唯一目的,每一届奥林匹克运动都会吸引大量的人们参与,不仅吸引着热爱体育运动的人们,对社会各行各业也产生重大的影响,正是因为这样的全民参与,奥林匹克运动才彰显出如此丰富的内涵和价值。

在奥林匹克运动中,运动员除了取得优异的比赛成绩令人敬佩外,其高尚的品质以及对自我极限的追求等,也深深感染着每一个人,其意义远远超过了运动本身。正因如此,世界各国参加奥林匹克运动,早已超越了一般竞技体育的范围,有着更加深刻的意义。

(六)为国争光

在参加奥运比赛时,运动员既代表自己,也代表国家和民族参赛,如果取得优异的比赛成绩,不仅能为自己带来一定的利益,还能为自己的国家和民族增添光彩。在奥运会开幕式上,运动员高举本国旗帜参加入场仪式,而如果夺得冠军在领奖台上则要奏国歌、升国旗,这充分体现出参加奥运会的国家与民族风采,运动员在赛场上的拼搏不仅能获得个人荣誉,同时也能为自己的民族和国家带来荣耀。因此,在奥林匹克赛场上,个人英雄主义与集体主义、爱国主义并不是冲突的,而是高度一致的,赛事观看者也能从中受到一定的感染,树立民族自豪感和自信心。在奥林匹克运动会上,运动员所取得的竞赛成绩不仅能反映自身的竞技水平,同时还在一定程度上反映出一个国家的综合国力。运动员所获得的奥运奖牌是国家荣誉的一种体现,是各个国家运动员不断拼搏向上的精神动力。

综上所述,奥林匹克运功文化内容呈现出多样化的特点,其中蕴含着极为丰富的内涵。发展到现在,奥运会的内涵越来越丰富,其中的团结友谊、公平竞争、为国争光、重在参与的基本内涵,淋漓尽致地体现出了奥林匹克运动的伟大精神。

奥林匹克精神内涵不仅属于人们宝贵的精神财富,对于人类社会的发展也具有重要的意义。在奥林匹克运动中,运动员所表现出的精神内涵对于国家和民族的发展也具有深远的影响和意义。

三、奥林匹克运动的文化特征

(一)观赏性特征

在参与体育运动的过程中,运动员都散发出特有的美感,身体形态美、技艺美等都深深吸引着人们的目光。这就是体育美的魅力所在。运动员在参加奥运会比赛的过程中,通过各种精湛技艺的展示能给人们带来强烈的感官享受,同时运动员的拼搏精神,挑战自我的顽强意志等也能带给人们极大的心理愉悦和享受。

奥林匹克运动的文化形式非常多样和丰富,能对广大的体育爱好者产生较强的吸引力。除此之外,奥林匹克运动不仅仅是一项体育赛事,同时又是一项全人类的巨大盛会,其中所显示出的审美意境和文化景观等颇具观赏性,深深吸引着人们去参与。由此可见,奥林匹克运动具有显著的观赏性特征。

(二)艺术性特征

奥林匹克运动项目有很多,每一个运动项目都有鲜明的特色,散发出不同的艺术美。归结在奥林匹克运动文化方面,就属于一种美的展示与教育,这种美的展示与教育体现出较强的艺术价值。通过欣赏这些艺术美,能极大地提高人们的艺术品位和素养,从而促使人格的提高,促进人与人、人与自然、人与社会的和谐发展。由此可见,奥林匹克运动文化具有较强的技术性特征,通过参加奥林匹克运动或欣赏相关比赛能极大地提高人们的艺术品位和素养,也会影响整个社会的发展。

(三)多元性特征

在当今全球化发展的背景下,奥林匹克运动的影响力越来越大,其多元化发展趋势也日益明显。奥运举办国家或城市都具有独特而鲜明的文化特色,这些从举办城市的开幕式、闭幕式以及各种各样的文艺表演中都能看得出来。在这样的背景下,不同的文化特色彼此兼容、取长补短,逐渐形成了多元化的文化体系。这充分体现出奥林匹克运动对世界各国或地区多种文化的兼容和尊重,从而使得奥林匹克运动呈现出多文化性特征。

(四)象征性特征

象征是指借助于某一具体形象的事物,暗示某种特定的富有特殊意义的事理或人物,以表达某种思想或情感。

对于奥林匹克运动而言,它主张公平竞争、团结友爱、和平发展,这些文字具有重要的象征性意义。奥林匹克运动历来就主张人的和谐发展,倡导公平竞争和团结友爱等。我们从奥林匹克运动的外在形态中也不难看出其具有典型的象征意义,如奥林匹克会旗由蓝、黄、黑、红相互套接的五环组成,表示世界上五大洲团结在一起共同参加这一体育盛会;奥林匹克圣火则具有光明、团结、和平、正义的象征性意义。由此可见,奥林匹克运动具有非常鲜明的象征性特征。

(五)丰富性特征

奥林匹克运动有着悠久的历史,经过各时期的积淀与发展,奥林匹克运动的文化内容与内涵越来越丰富,丰富性也是奥林匹克运动的重要特征。一般情况下,奥林匹克运动的丰富性主要体现在物质与精神两个方面。在物质方面,奥林匹克运动主要是通过体育比赛、体育建筑、体育雕塑、体育艺术品、体育文学等不同的文化形式来展示自身的魅力;在精神方面,奥林匹克运动主要是通过格言、精神、规章等影响人的社会行为,影响社会发展。

四、奥林匹克运动的性质

(一)奥林匹克运动文化是以体育为载体的文化

奥林匹克运动的内涵非常丰富,自身不仅具有竞技体育的成分,同时也包含大众体育的内容,可以说离开了社会大众,奥林匹克运动就无法开展,奥林匹克运动参与人员都在其中扮演着非常重要的角色。

从文化视角看,奥林匹克运动还是一种以体育为载体的文化,体育与文化之间有着非常密切的联系。

体育文化可以说是文化的下位概念,二者之间是相互联系、相互促进的关系。社会文化的发展无时无刻不影响着体育的发展,而体育的发展也会对文化的传播与推广产生一定的影响。发展到现在,体育不仅仅是一种健身的手段,更是成为人们完善自我的一条重要途径。更为重要的是,体育还能促进人与社会的和谐发展,这是体育文化精神的最大意义所在。目前,体育逐渐成为国际社会交往的一个重要手段,在社会各个层面都发挥着重要的作用。

体育与奥林匹克运动之间有着极为密切的关系,奥林匹克运动中并不仅仅只有体育运动竞赛,同时还包括文化、教育、经济等相关内容,这是二者之间最大的区别。奥林匹克之父顾拜旦认为,奥林匹克运动不应只注重身体和运动成绩,还要彰显智力和艺术等方面的东西。可以说,奥林匹克主义就是体育运动与文化的有机结合。发展至今,奥林匹克运动会已成为人类社会的一个重大的盛典,在一定程度上影响着人类文明的发展和进步,推动着整个人类社会不断向前发展。

(二)奥林匹克运动文化是以教育为核心的文化

从奥运会诞生以来,就对运动员的要求非常高,不仅要求运动员必须具备出色的身体素质,还要有顽强的精神品质,这些都需要通过平时的训练才能获得。在古希腊奥运会上,获胜的运动员会受到人们的推崇,逐渐形成了崇尚英雄、崇尚美德的教育方式。现代奥林匹克之父顾拜旦也认为,复兴奥林匹克运动主要在于教育。由此可见,教育是奥林匹克运动的核心所在,是奥林匹克运动的重要内涵之一。

目前,奥运会的影响力越来越广泛,逐渐渗透到社会各个领域。其所倡导的"更快、更高、更强"的精神也深深影响着人们,由此可见,奥林匹克运动本身具有重要的教育价值。通过奥林匹克运动,人们能从中受到良好的教育和影响,从而有利于世界和平与发展。在奥林匹克运动快速发展的今天,其所彰显的精神与教育功能深深影响着人们的生活与发展,在整个社会中的地位也越来越重要,因此可以说,奥林匹克运动的根本任务就是教育,其核心也是教育。

(三)奥林匹克运动文化是以西方文化为主导的多元文化

在奥林匹克运动发展之初,参加的国家很少,影响力也远远不如现在。但随着体育运动的不断发展,参与的国家及人员越来越多,影响力也与日俱增。发展到现在,现代奥林匹克运动的运动员几乎遍及世界各个角落,当今奥运会有超过200多个国家参与,运动员超过10000名,由此可见,现代奥林匹克运动的规模越来越大。随着奥林匹克运动的不断发展,世界各个国家和地区加深了彼此间的沟通与交流,多元文化因素在奥林匹克运动中相互碰撞,使得这一体育盛会呈现出独特的魅力。但受经济、政治等方面因素的影响,奥林匹克运动呈现出浓厚的西方文化色彩。众所周知,绝大部分的体育比赛项目都来自于西方,西方国家占据着绝对的话语权,可以说,奥林匹克运动文化仍然以西方文化为主,这是现代奥林匹克运动的一个重要特质。

在当今社会,整个社会文化与奥林匹克运动之间呈现出交融的发展态势,这是历史发展的必然。每一个国家或地区都有自身的特色文化,有着浓郁的地域色彩,而奥运会举办国家或城市也表现出同样的特点。不论是开幕式、闭幕式还是各种艺术表演、比赛环境等都体现出奥运会举办国家和城市的特色,这些鲜明的特色吸引着全世界人们的目光。通过奥林匹克运动会的举办,世界上各个国家的文化特色相互碰撞,日益形成了一个丰富的奥林匹克运动文化体系。

(四)奥林匹克运动文化是催人向上的世界先进文化

世界先进文化,是指符合社会发展方向和人类共同愿望的文化,从奥林匹克运动"更高、更快、更强"的格言中我们就能看出奥林匹克运动就是一种这样的文化形式。

随着时代的不断发展,奥林匹克运动文化的影响力与日俱增。其原因在于,奥林匹克运动属于一种先进的文化形式,其所主张的人类与自然和社会的和谐发展理念深深影响着人类及整个社会的发展。除此之外,奥林匹克运动本身还属于一种竞赛形式,运动员在比赛中充满了对抗与竞争,其中体现出的英雄主义、集体主义和爱国主义等与人类所崇尚的精神也是相一致的。由此可见,奥林匹克运动属于先进的文化形式,对人类社会的发展具有深远的影响和意义。

第二节　奥林匹克运动产生与发展的文化动因

一、奥林匹克运动产生与发展的社会文化背景

14—18世纪,文艺复兴、宗教改革、启蒙运动三次思想文化运动推动了中世纪向近代社会的转型,在发展的过程中,中世纪封建文化逐渐衰落,取而代之的是资产阶级新文化。新型的资产阶级社会文化逐渐占据了主导地位。

在这一时期,欧洲思想文化运动愈演愈烈,这对欧洲当时的宗教哲学产生了较大的冲击。本着历史的眼光,我们可以发现欧洲中世纪的这三大思想文化运动极大地革新了人们的传统思想,人们的思想获得了解放,这为资本主义的发展奠定了良好的思想基础,同时也为工业社会的发展与科学技术的发展奠定了良好的基础。另外,欧洲的三大思想文化运动还极力宣扬古希腊全面和谐发展的教育思想,这为现代奥林匹克运动的复兴奠定了思想基础。[①]

二、资产阶级的人文思想

西方社会受古希腊罗马文化的影响非常之深,而随着时代的不断发展,这一文化思想在一定程度上已难以适应时代发展的要求,因此,资产阶级教育家就依据实际情况对旧教育思想做出了革新。革新后的教育思想非常强调人的地位,注重对青年人的培养和教育,要把他们培养成为对社会有益的全面发展的人才。

---

① 张振峰.现代奥林匹克产生和发展的文化动因[J].管理工程师,2018,23(6):50-54.

1423年,意大利人文主义者维多莉诺将体育作为教育内容引入学校,极大地推动了体育运动的发展。被称为"学校体育之父"的捷克大教育家夸美纽斯也将体育运动引入学校教育之中,并提出了促进学生身心健康的观点。法国启蒙思想家卢梭提出"自然教育论",其所主张的观点是以体育培养身体与心理健全的人。他肯定了奥运会的教育价值,指出了奥林匹克运动发展的重要意义。

18世纪末,欧洲博爱主义教育家们也充分肯定了奥运会的教育价值,并按照奥运会传统和近代体育项目编制了"德绍五项竞技"。进入19世纪以后,英国进行了全面的教育改革,确立了体育在教育中的地位,肯定了竞技体育的教育价值,这为奥林匹克运动的兴起与发展奠定了良好的基础。

三、体育国际化趋势的发展

19世纪后期,垄断资本主义逐渐得以形成,产业市场之间的竞争日益激烈。在这样的背景下,国际市场也应运而生。这一时期,自然科学也获得了飞速的发展,体育科学研究也逐步深入,并取得了众多研究成果。体育发展的科学基础与经济的交流促使社会文化的交流增多,体育也逐渐超出国界,成为沟通各国家及地区的桥梁和纽带。自此之后,国际间的体育比赛大量出现,体育国际化的发展态势逐渐形成。

发展到19世纪末,世界上第一个单项体育组织——国际体操联合会在英国成立,从此拉开了体育运动发展的又一个序幕。随后,世界上又出现了大量的体育组织,如国际赛艇联合会、国际滑冰联盟等也相继成立。这些国际体育组织的出现对于各体育运动项目的发展是非常有利的,有利于在统一的竞赛规则下进行比赛,体现出"公平、公正"的竞赛原则。为了扩大体育运动的国际交往,在这样的背景下,奥运会就应运而生并获得不断发展。

四、顾拜旦体育思想的促进

顾拜旦出身于一个很好的家庭,自幼就对古希腊文化具有浓厚的兴趣,久而久之,便形成了一套较为完善的思想文化体系。顾拜旦对体育运动颇有研究。在很早的时期,他就总结出奥林匹克运动是体育与文化、教育相结合的一种文化现象,这一思想对后世的奥林匹克运动文化思想产生了重要的影响。后来随着研究的更加深入,逐渐形成一种思想体系和哲学理论体系。

顾拜旦之于奥林匹克运动具有重要的意义,在他的研究与推动下,现代奥林匹克运动获得了极为快速的发展。当然,他在其中发挥了不可磨灭的作用。顾拜旦的体育思想可以说是建立在体育、文化、教育三位一体的哲学体系上,主张在追求体育运动发展的同时促进与实现世界和平发展。[①] 可以说,顾拜旦为现代奥林匹克运动的发展做出了突出的贡献。

第三节 奥林匹克运动发展现状分析

一、奥林匹克运动的总体发展状况

(一)欧洲中心主义的消极影响

现代奥林匹克运动在发展的过程中,受到西方社会各方面因素的影响,其中,欧洲中心主义对奥林匹克运动产生了极为深远的影响。发展到现在,加入国际奥委会的成员国已有200多个,奥运会也成为全世界人类的一个规模庞大的盛会。但需要注意

---

① 张振峰.现代奥林匹克产生和发展的文化动因[J].管理工程师,2018,23(6):50-54.

的是，受欧洲中心主义思想以及历史传统的影响，西方国家在当今奥林匹克运动中仍然占据着较大的话语权，大量的事实表明，国际奥委会中西方人占到了70%以上，这种状况在一定程度上阻碍了奥林匹克运动文化的多元化发展。除此之外，奥运会中的绝大部分项目也都是西方国家盛行的体育项目，这对于其他国家而言难免存在着一定的不公平。某种程度上而言，现代奥林匹克运动是西方主导话语权的运动盛会，其他国家缺乏奥林匹克运动的话语权。在这样的情况下，必然会受到来自于其他国家或地区的阻挠，因此，为促进奥林匹克运动的可持续发展，亟须做出一定的改变。

（二）非西方国家对奥林匹克文化的竞争不够重视

奥林匹克运动充满着竞争，不仅包括运动项目发展、运动员竞技水平的竞争，还包括各国家或地区文化方面的竞争。尽管奥林匹克运动文化方面的竞争非常重要，但是大部分人都没有意识到这一点，即使发展到现在，人们也更加注重竞技能力的较量，而忽略了文化方面的竞争。

奥林匹克运动属于一种典型的体育文化现象，通过各个时期的发展，奥林匹克运动长盛不衰，获得了可持续的发展。如今，奥林匹克运动及其中的思想渗透进社会的各个角落，对整个人类社会的发展都产生了非常重要的影响。现代社会充满了竞争，奥林匹克运动也倡导竞争。这一竞争包含很多个层次，如体育思想的竞争、体育制度的竞争、文化标准的竞争等，且这些竞争元素是始终存在的。其中，文化方面的竞争有着非常广阔的范围，属于较高层次的竞争。受传统、地域、民族等方面因素的影响，东方体育文化与西方体育文化之间有着明显的差异，它们都是无法替代的文化现象。

但需要注意的是，在当今全球一体化、世界多元文化发展的背景下，奥林匹克运动文化的发展不能特立独行，只有加强多种文化的融合，才能获得可持续发展。除此之外，广大的非西方国家也应看到奥林匹克运动的这个特性,积极寻求其他文化与奥林匹克运动文化之间的融合途径,从而实现奥林匹克运动文化的多元化发展。

(三)民族体育的文化个性表达不够突出

经过长期的发展,奥林匹克运动的影响力越来越大,发展到现在,奥运会不仅成为世界最高规格的体育盛会,而且成为一种影响力巨大的文化现象。正因如此,奥林匹克运动才一直延续至今并获得了健康的发展,其发展深深影响着人们日常生活的各个方面。为在奥运会上取得良好的成绩,我国制订了奥运计划,很多项目的开展都要围绕奥运会进行,奥运会是体育事业的重中之重,一切体育活动都要以奥运会为指导。

伴随着现代社会的不断发展,全球一体化趋势越来越明显,国际间的交流与合作也不断增多,各国之间的互动与交流日益频繁。在这样的背景下,很多非西方国家不断运用西方体育理念来改造和发展民族传统体育。借鉴与参考西方体育文化的发展具有一定的意义,但是也会在一定程度上造成了自身体育文化个性的缺失,不利于自身长远的发展。可以说,在奥林匹克运动发展的历史长河中,西方文化一直占据着统治地位。一些非西方国家的民族传统体育仅仅是模仿西方体育的发展,这不利于本国民族传统体育的传承与创新,这种做法是不可行的。

(四)民族体育文化的先进性建设滞后

体育文化具有一定的先进性特点,符合人民群众的根本利益和需求,但是,并不是所有的体育文化都具有先进性的特点。一些体育文化还带有浓重的封建色彩,与现代社会的发展格格不入,因此会逐渐遭到现代社会的淘汰。

发展到现在,奥林匹克运动已成为一种具有深远影响力的文化现象,其代表着世界体育文化的先进方向。鉴于此,我国民族体育文化也要从中吸取发展的经验,加强与奥林匹克运动文化之间的沟通与交流,这样才有广阔的发展空间。

在现代社会背景下,体育文化的先进性已逐渐成为各国体育文化所追求与发展的共同目标。对于中华民族而言,民族传统体育文化是我国的特色文化,如何将其发展成为具有世界影响力的先进文化就成为一个重要的研究课题。

当前,在西方体育占主导地位的背景下,东方体育文化就处于相对弱势地位,需要结合自身特点,借鉴西方体育的先进性,探索出一条适合自身发展的特色化道路。除此之外,民族体育的产业化发展也处于一个初级阶段,需要进一步发展和完善。

(五)现代科技对奥林匹克运动的影响

随着现代社会的不断进步,现代科学技术的应用也越来越广泛。如今,现代科技在奥林匹克运动中的利用也是非常频繁的,发挥了十分重要的作用。在新的时代背景下,奥林匹克运动也对现代科技提出了新的挑战,向着新的目标努力前进。

通过历届奥运会的举办我们可以发现,奥运会不仅是一次体育的盛会,同时还是一场现代科技的展示会。整个奥运会举办期间时时处处散发着科技因素的光彩。

一般来说,科技手段的利用主要对奥林匹克运动的以下方面产生重大的影响。

1. 运动员比赛成绩的提高

运动员比赛成绩提高的途径一般有三种:一是提升体能和技能;二是革新运动器材与装备;三是采用新的训练手段与方法。发展到现在,现代奥运会的科技含量越来越高,如游泳衣、跑鞋、羽毛球拍、各种比赛用球等所用的各种材料等都无不蕴藏着科技要素。

2. 奥林匹克运动的组织和管理

如今,奥运会的比赛项目越来越多,参与赛事的人员也达到了历史顶峰。综合来看，奥运会就是一个人类社会大型的盛会，某种意义上而言，它已经超越了竞技体育的层次，是一种独特的社会文化现象。奥运会规模庞大，参与人员众多，这给赛事组委会带来了极大的挑战。但是，现代科学技术的快速发展，为奥运会的组织与管理提供了良好的技术保障。目前，大量的现代科技手段被应用于奥运会之中，为奥运会的组织与管理者带来了极大的便利。目前，奥运会的电子信息工程发展极为迅速，为奥运会的顺利进行提供了良好的保障。

二、奥林匹克运动在中国的发展现状

奥林匹克运动在中国的发展几经周折，在国际奥委会承认我国的地位后，我国的奥林匹克运动自此一飞冲天，走上了快速发展的道路。

（一）"奥运模式"的建立

"奥运模式"的建立与我国的历史发展背景是分不开的。"奥运模式"，是指根据"一个中国"的原则，中国是奥林匹克运动委员会的正式代表，会址在北京；台湾地区的奥委会，正式名称为"中华台北奥林匹克委员会"，会址在台北，这确定了我国与台湾地区在国际奥委会中的地位与关系。

随着奥运模式的建立，我国及台湾地区的奥林匹克运动都获得了相应的发展。这一模式在很大程度上解决了以前所遇到的各种问题与冲突，对于推动奥林匹克运动的发展是非常有帮助的。

（二）中国运动员对奥运会的贡献

近些年来，竞技体育在我国获得了飞速的发展，我国已成为一个体育大国。中国奥运代表团屡次在奥运会上取得佳绩，我国运动员也屡次打破世界纪录，为奥林匹克运动的发展做出了突出的贡献。

进入21世纪,中国体育代表团在奥运会上都取得了非常不错的成绩,极大地增强了中华民族的自信心,同时也为促进奥运会的发展做出了一定的贡献。21世纪以来,中国体育代表团在历届奥运会上的成绩见表6-1。

表6-1　21世纪中国体育代表团历届奥运会成绩

年份	届数	金牌	银牌	铜牌	金牌榜排名
2000年	第27届	28	16	15	3
2004年	第28届	32	17	14	2
2008年	第29届	51	21	28	1
2012年	第30届	38	27	23	2
2016年	第31届	26	18	26	3

通过表6-1可以发现,我国奥林匹克运动水平已达到了世界先进水平的行列。这对我国体育事业及各行各业的发展都产生了重要的影响。

(三)北京奥运会对奥林匹克运动的贡献

2008年,北京成功举办了第29届夏季奥运会,本届奥运会向世人充分展示了我国的传统文化与现代社会发展的风貌,让世人更好地认识与了解了中国。总的来看,北京奥运会的成功举办为奥林匹克运动的发展做出了突出的贡献,这主要表现在以下两个方面。

一方面,2008年北京奥运会是首次在社会主义发展中国家举办,这极大地丰富了奥林匹克运动的内涵,充分表明现代奥林匹克运动的发展是不受地域、经济和文化等方面的限制的,极大地扩展了奥林匹克运动的发展空间。

另一方面,通过北京奥运会的举办,东西方体育文化之间的交流日益密切,双方在互惠互利中获得进一步发展,同时也推动着现代奥林匹克运动的快速健康发展。

另外,为了促进奥林匹克运动的更进一步发展,中国近些年来还做了大量的工作,如积极参加每年举办的体育科技大会,与其他国家交流先进的体育科技;组织大量的体育人才向一些不发达国家进行援助;发动大量的物力、人力与财力支援发展中国家的体育基础设施建设等。由此可见,为促进奥林匹克运动的发展,我国做出了巨大的努力,同时也取得了显著的效果。

(四)奥林匹克运动与中国传统体育的共同发展

奥林匹克运动发源于古希腊文化,是起源于西方国家的一种文化现象,因此它历来就带有深深的西方国家文明的烙印。奥林匹克运动中的大部分体育项目都渗透着西方文化,各种体育项目都彰显了浓郁的西方体育价值观,这对东方体育文化产生了重要的影响。但在全球一体化发展的背景下,东西方之间的体育文化交流日益频繁,奥林匹克运动也开始吸收东方体育运动的内容,这对于奥林匹克运动的长远发展而言具有重要的意义。2008年中国北京成功举办了第29届夏季奥运会,在本届奥运会上,中国向世人展示了中华民族优秀的传统文化,这对于丰富与完善奥林匹克运动文化具有深远的影响和意义。在北京奥运会之后,我国也加强了与西方各国的体育交流,这种跨文化的交流与发展,非常有利于奥林匹克运动的可持续性发展。由此可见,奥林匹克运动与中国传统体育文化之间也有着密切的关系,加强二者之间的沟通与交流,对于双方的健康发展都具有重要的意义。

第四节 现代奥林匹克运动发展前景与对策

一、现代奥林匹克运动未来发展展望

奥林匹克运动的历史非常悠久,发展到现在已形成了一套比较完善的文化体系。在奥林匹克运动发展的过程中,战争、政治、

经济等因素都对其产生过重要的影响,甚至因为这些因素暂停过。但是,奥林匹克运动具有顽强的生命力,经过长时间的发展仍旧一直延续至今并获得快速的发展。相信随着奥林匹克运动的不断发展,其发展前景必将越来越广阔。

(一)奥林匹克运动的均衡发展

奥林匹克运动起源于古希腊,古希腊文化在奥林匹克运动文化中占据着绝对地位。可以说,奥林匹克运动有着深刻的西方烙印,是以西方体育为主导的体育文化形式。

在最初的发展中,现代奥林匹克运动的影响范围也仅限于欧洲国家。但随着世界经济政治中心的转移,奥林匹克运动的影响力逐渐扩大到世界范围,其重心也发生了一定的偏移,欧洲和北美成为奥林匹克运动的重要阵地。

随着现代社会的不断发展,和平与发展成为时代的主题,世界上各个国家的经济水平日益提高,综合国力不断提升,国际影响力也逐渐扩大。在这样的背景下,欧美绝对垄断地位开始逐渐被打破。非西方国家在奥林匹克运动中的话语权也不断增大。

进入21世纪以来,广大的发展中国家加快了发展的步伐,尤其是亚太地区,其对于冲破以欧美为中心的世界体育发展格局发挥着极为重要的作用。目前,越来越多的具有世界影响力的大型体育赛事在欧美以外的国家举办,我国于2008年举办了北京奥运会,日本也举办了2020年奥运会,可以说奥林匹克运动正向着均衡性的方向发展。

(二)竞技运动与大众体育、学校体育更加均衡地发展

任何人都有参加体育活动的权利,残疾人体育运动也不应受到人们的歧视,也应像普通人一样受到重视。现代奥林匹克运动就非常注重这一方面,提倡公平与平等。

一般来说,奥林匹克活动体系主要分为两大部分:一是群众体育活动,这是奥林匹克运动的基础,具有全球性、持续性的基本

特点;二是奥运会,每四年举办一届,这是奥林匹克运动的最高层次,在全世界范围内具有极大的影响力,对举办国家或地区乃至整个世界都有重要的经济、政治等方面的影响。

尽管奥运会代表着现代竞技体育运动的最高水平,但需要注意的是,大众体育和学校体育是竞技体育发展的重要基础,也不能忽略了二者的发展,因为只有更多的人参与到体育运动中,才能挖掘与培养具有发展潜力的体育人才,才能促进奥林匹克运动的可持续发展。

奥林匹克运动的发展受到各方面因素的影响,其中经济、政治两个方面是最为重要的因素。目前,奥运会已经成为国家之间展示综合国力的重要舞台,奥运会涉及的政治因素越来越明显。另外,在竞技体育发展的过程中,奥林匹克运动的发展也成为当今社会的一个重要的文化现象,其发展的强势性是大众体育、学校体育等无可比拟的。与奥林匹克运动相比,大众体育和学校体育的发展严重滞后,从长远来看,这对于奥林匹克运动的发展也是十分不利的,因此要引起高度重视。

在竞技体育快速发展的同时,加强大众体育与学校体育的发展是尤为必要的。随着现代文明病的不断出现,人们亟须用体育运动这一途径来改善身体健康水平。在余暇时间里参加体育运动,不仅便利,而且还具有明显的效果。在这样的背景和形势下,世界各国纷纷制定大众体育发展规划,来促进大众体育活动的开展。

在新的时代环境下,个人全面协调发展与"促进人的全面发展"的理念是不谋而合的。我们相信,在相关部门的带领下,大众体育和学校体育必将得到更进一步的发展。

(三)奥林匹克运动的商业化与职业化发展

发展到现在,奥林匹克运动的商业化味道非常浓厚,在雄厚的财力支持下,奥林匹克运动也获得了快速的发展,可以说,职业化和商业化成为现代竞技体育的重要推动力,对于奥林匹克运动而言也是如此。

在竞技体育不断发展的过程中,商业化和职业化共同推动着竞技体育的不断发展,而商业化、职业化也可以是奥林匹克运动发展的必然趋势。

1. 奥林匹克运动的商业化发展

商业化是奥林匹克运动的一个重要特色,正因为商业化,奥林匹克运动才获得了如此迅速的发展。在商业化运作下,奥运会在世界上的影响力与日俱增,成为一种具有世界影响力的文化现象。但是,在奥林匹克运动发展的初期并不是一帆风顺的。20世纪70年代,随着世界经济危机的出现,奥林匹克运动的发展也受到一定的威胁。举办奥运会需要大量的资金,这无疑加重了举办国或地区的经济负担。

1978年,经过投票表决,洛杉矶市获得了奥运会的申办权,但相关法律规定不准动用公共资金来举办奥运会,在这样的情况下,不得不展开了商业化运作,由民间组织承办,采用民间集资的办法。最后这届奥运会实现了盈利,开启了奥运会商业化运作的先河。

当今社会,商品经济的发展日益兴盛,社会经济体系得以建立。伴随着社会经济的不断发展,奥林匹克运动的商业色彩也日趋浓厚,竞技体育的功利性也越来越强。

奥运会是一个全人类的盛会,举办奥运会需要巨大的资金作保障,其中体育场馆设施建设、城市基础设施建设、体育传播媒体建设等都需要巨大的财政支持,否则就难以开展。但需要注意的是,经济在推动奥林匹克运动发展的同时,也带来了一些负面影响,其中一个突出的表现就是电视转播对奥林匹克运动产生了极大的威胁,国际奥委会也逐渐认识到了这一点,开始在各方面寻找新的经济资助,尽量降低电视转播费在总收入中的比例;为了减少商业化给不发达国家带来的不利影响,国际奥委会为这些国家提供了一定的经济援助,以帮助这些国家顺利开展各项体育活动。在这样的情况下,奥运会及体育商业化赛事的影响力逐渐加大,成为一种全世界的文化现象。

2. 奥林匹克运动的职业化发展

最初,奥运会赛场上不允许出现职业运动员,随着体育运动的不断发展,20世纪80年代之后,开始允许职业运动员参加奥运会,这极大地提升了赛事水平,提高了观赏力,吸引了很多的体育爱好者观看比赛,正因如此,奥运会的影响力逐步加大。观众在观看奥运会比赛的过程中获得了前所未有的享受,奥运会也成为竞技运动盛宴,在世界范围内产生了广泛的影响力。但需要注意的是,职业化的发展也有一定的不利影响,为避免这种不利影响,国际奥委会采取了"有限度地开放"原则,尽可能地将这种不利影响降到最低。

(四)奥林匹克的民主化、平等化发展

1. 民主、平等的不断发展

在发展之初,奥林匹克运动非常注重民主与平等,但在实际发展的过程中,却饱受人们的质疑。在现代社会背景下,奥林匹克运动要想获得健康的发展,就需要遵循社会发展的规律,不断提升和完善自己,要适应现代社会的发展,促进其民主化、平等化发展。

目前有很多国家没有国际奥委会委员,在参与奥运会重大决策方面,这些国家缺少一定的发言权,这一现象是不平等的,在一定程度上降低了这些国家参与奥林匹克运动的积极性。为改变这一现状,国际奥委会也采取了一定的措施吸引各大洲各个国家的奥委会委员加入其中,共同商讨奥运会各项事务,这不仅有利于体现民主与平等,对于奥林匹克运动的健康发展也具有重要的意义。

2. 女性与奥林匹克运动

发展到现在,女性在奥林匹克运动中的地位越来越重要。实际上,在奥林匹克运动发展之初,在相当长的一段时间内,奥林匹克决策层都没有女性,甚至禁止女性运动员参加比赛。随着时代的发展,在前国际奥委会主席萨马兰奇先生等的多方努力下,女性进入国际奥委会管理层,确立了女性在国际奥委会中的地位,女性开始在奥运会中扮演着非常重要的角色。不仅如此,在国际奥委会的发展规划中明确提出,要让更多女性进入到各国家和世界性的体育组织中担任领导职务。在这样的背景下,女性将为奥林匹克运动的可持续发展做出突出的贡献。

(五)人文奥运的发展趋势

奥运会各项比赛充满着激烈的竞争,所有的运动员几乎都为了获得奖牌和金牌而努力,这种过于注重竞争的现象不利于人类的和谐发展,与奥林匹克运动所倡导的体育精神有所背离。因此,在2008年的北京奥运会上,我国提出了人文奥运的基本理念,强调奥运会应朝着人文化的方向发展。

1. 奥林匹克运动更多地转向文化

在当今社会,国与国、地区与地区之间的战争越来越少,和平与发展成为这个时代的主题,在这样的背景下,奥林匹克运动进入了一个发展的黄金期。文化教育是奥林匹克运动的核心内容,对文化与教育内涵的追求始终是奥林匹克运动的发展方向。

对于人类社会的发展而言,奥林匹克运动不仅仅是一种体育力量,同时也是一种文化力量,能对人们产生巨大的感召力和影响力。因此说,对文化价值的追求是奥林匹克运动的一个重要的发展方向。

2. 奥林匹克运动精神越来越充实

奥林匹克运动是全世界人民的一大盛会,它本身具有巨大的社会感召力和影响力。奥林匹克运动提升自身文化内涵,扩大国际影响的重要举措是追求"和平、友谊、团结、进步"宗旨,追求"更高、更快、更强"的精神,倡导"参与比竞争更重要"的理念等。

在整个人类社会发展的进程中,奥林匹克运动始终都扮演着重要的角色,可以说是人类文明史上的一大创举。奥林匹克运动所倡导的和平与发展的主题,在各个时期都深深影响着人们,促进着社会的发展和进步。

在今后发展的过程中,要想进一步推动奥林匹克运动的发展,还要不断加强奥林匹克精神与奥林匹克理想的宣传,逐步消除那些不利于奥林匹克运动发展的因素,将奥林匹克运动精神发扬光大,这对于促进整个国家和社会的发展都具有重要的意义。

(六)现代科技的广泛应用

当前科学技术日新月异,大量的高科技手段被应用于体育运动训练之中,运动训练的科学化程度逐步提升,极大地提高了运动员的运动技能水平,同时也很好地降低了运动损伤发生的概率。总体来看,现代科学技术已广泛应用于竞技体育领域,并发挥着越来越重要的作用。

发展至今,奥林匹克运动精神已深入人心,其影响力延伸至整个世界范围,深深影响着人们的生活和工作,以及人与人之间的沟通与交往。在奥林匹克运动未来的发展中,不论是体育专家、学者,还是一般的运动爱好者,都要以探索与发展的目光去审视现代奥林匹克运动,只有充分把握时代发展的脉搏才能推动奥林匹克运动的长远发展。

二、现代奥林匹克运动的发展对策

(一)大力加强东西方文化的交流和融合

随着现代社会的不断发展,奥林匹克运动文化体系逐渐完善

第六章 体育之盛事——奥林匹克运动文化发展审视

和丰富。这一文化体系对人类社会的影响非常大,极大地推动了整个人类社会的不断发展。而中西方文明的交流与融合,也在一定程度上推动着奥林匹克运动的健康发展。

总的来看,东西方文明呈现出明显的差异性,东方文化以中国传统文化为中心,主张天人合一,和谐与发展。西方文化则注重个性与竞争,崇拜力量与英雄人物。在中西方文化交流与发展的过程中,我们既要尊重对方的文化,又要采取可行的对策加强二者文化的融合。这对于奥林匹克运动的发展是十分有利的。

(二)努力发展多元民族体育文化

民族体育是在一定的独特地域内产生并获得发展的,因此带有强烈的民族文化气息,很多时候,民族体育就成为一个国家或地区的重要象征。如中国的武术、韩国的跆拳道就是典型的例子。奥运会的比赛项目大都来源于西方竞技体育,而随着奥林匹克运动的不断发展,应吸纳其他国家的民族体育加入其中,这样奥林匹克运动才能获得可持续发展。多元化的民族体育文化的发展对于奥林匹克运动文化的发展具有重要的意义,同时它也是奥林匹克文化的重要根基,奥林匹克运动理应注重这一点,并接受与吸纳不同国家和民族的体育文化。

(三)不断促进体育与文化教育的融合

在奥林匹克运动发展的过程中,体育与文化教育的融合是至关重要的,这种融合极大地丰富了体育运动的内涵,赋予了体育重要的文化与教育价值。正因如此,奥林匹克运动才拥有了广阔的发展空间,产生了巨大的社会影响力。为推动奥林匹克运动的传播与发展,奥运会举办城市会通过举办各种文化节、艺术节、博览会来吸引人们参与其中,这些活动的举办对于奥林匹克运动的推广都具有一定的作用,国际奥委会也紧跟时代发展的形势,展开了诸多的奥林匹克运动文化教育活动。这对于奥林匹克运动的长远发展具有十分重要的意义和作用。

(四)更加深入地开展奥林匹克运动文化的研究与建设

奥林匹克运动文化内容非常丰富,涉及各个社会领域的发展,因此关于奥林匹克运动的研究范围非常广泛。随着当今奥林匹克运动规模的扩大及影响力的不断扩散,如何体现奥林匹克运动的公正性成为一个重要的课题。为加强奥林匹克运动的研究,国际奥委会专门成立了相关委员会,以此为奥林匹克运动的可持续发展提供重要的帮助。

第七章 体育之特色——民族传统体育文化发展审视

一个国家体育文化的发展,对本民族特色的传统体育文化发展起着非常关键的作用。民族传统体育文化可以说是一个国家或地区的体育名片,能增强与他国之间的沟通与交流,从而获得共同发展。本章重点探讨我国民族传统体育文化的发展情况,并对相关的典型项目作出具体的研究与分析。

第一节 民族传统体育文化概述

一、民族传统体育的相关概念

(一)民族体育

民族体育通常是指少数民族的体育,但从理论上来讲,民族体育也应该包含汉族体育。因为一个国家包含有的族群众多,这些族群生活在同一个社会大环境中,他们之间在社会形态方面不存在根本性的隔阂和断裂,否则他们之间就失去了联系。

(二)传统体育

传统体育可以说是一个非常宽泛的概念。传统体育早在远古时代就产生并发展,之后保留较为固定的形式并影响至今。中国传统体育是中国传统文化的重要组成部分。经过了千百年的农业文化土壤的养育,中国传统体育积累下来的体育观念是在农业社会经济、政治观念的直接影响下形成的。中国传统体育既具有相对稳定的观念、趣味和形式,又具有动态特征,因此具有显著的传承性、习惯性、民俗性等特征。

(三)民族传统体育

世界上各个国家一般都有自己的传统文化,民族传统体育就是传统文化的重要内容。民族传统体育就是指世界各民族人民在不同历史时期所创造的、历代因循传承下来的、具有浓厚民族文化色彩和特征的以满足人类发展需要的体育活动方式。这一概念也同样适用于世界其他民族的传统体育。

(四)民族传统体育文化

通过以上分析可知,民族传统体育是各民族在劳动实践中创造的,符合本民族身体活动方式的娱乐活动。而民族传统体育文化则是以民族传统体育为载体体现各民族教育智慧和体育实践能力的总和。

二、民族传统体育的特点

(一)传统性

通过历史的发展迹象,我们可以看出一个民族的政治、经济、文化、信仰等都会对本民族传统体育的形成与发展产生不同程度的影响,各民族传统体育活动不断演变发展,在本民族世世代代传承下去,成为本民族亘古不变的一个重要习俗。每年在一些重大节日上各民族都会有关于本民族传统体育活动的表演或比赛,如阿昌族每年春节当天有荡秋千表演,水族在这一天有赛马比赛,而高山族在这一天举行的则是竿球比赛,黎族在每年的正月初二举行射箭比赛,羌族在每年的正月初五举行射击、比武等,这些风俗习惯从古至今一直传承下来,在各个时期都获得了长足的发展。

(二)地域性

地域性也是民族传统体育的一个重要特点。一般来说,民族传统体育项目的形成与发展都是在一定的地域空间内实现的,一定地域范围内的自然环境、社会生活方式都是相同的,这为共同的传统体育活动项目的形成与发展奠定了基础条件。民族传统体育的地域性特征从"北人善马,南人善舟"这句谚语中就可以生动地反映出来。新疆分布着很多少数民族,如蒙古族、塔吉克族、哈萨克族等,这些民族的生存与发展主要是靠畜牧业,在他们的日常生产与生活中,马都是非常重要的工具,而叼羊、赛马、姑娘追等项目都与马有着直接的关系。这些民族传统体育项目在一定的地域范围内开展,随着不同地域人们之间的沟通与交流,这些项目逐渐得以传播与发展。

(三)民俗性

在长期的发展中,各民族都形成了具有本民族特色的风俗习惯,久而久之就形成了一种独特的文化,民族传统体育正是这样一种具有民族特色的文化。各民族传统体育在本民族风俗习惯的影响下不断深化发展,各个民族的传统体育项目又使本民族的民俗内容越来越丰富。一些少数民族的传统节日、祭奠及婚俗活动中都不同程度地将传统体育项目融入其中,更加彰显了民族传统体育的民俗性特征,如赛马、摔跤、射箭等传统体育项目是蒙古族那达慕大会上的重要活动内容,这些项目的比赛使得那达慕大会更加隆重而吸引人。

(四)实用性

各民族传统体育的形成与发展与本民族人民的生产生活有

着密不可分的关系,起源于生产和生活的民族传统体育具有一定的实用性特征。

以苗族武术为例,苗族武术的形成与发展与苗族人民的生活条件、民族斗争之间关系非常密切。据相关记载,苗族祖先在原始社会就已经能够将石器制造出来了,并能在打猎、采集及捕鱼中将石器工具充分运用起来。原始社会时期,苗族生存环境险恶,毒虫猛兽较多,这对苗族人的生存造成了严重的威胁,苗族人只有不断与自然环境、毒虫猛兽作斗争才能维持生存。在这样的背景下,求食与武力作为原始社会时期人们最基本的两种活动方式就产生了。苗族武术的起源和萌芽与这两种原始社会活动方式有着密切的关系。生活在黔东南地区的人们必须通过以武力与毒虫猛兽搏斗才能免受它们的威胁,才能更好地进行生产劳动。可见苗族人民的生产劳动、生存生活直接推动了武术的萌芽与发展,在原始社会背景下形成的苗族武术具有实用性特征。

随着现代社会的不断发展,武术已不再是一种生存的手段,其在生存和生产中的功能逐渐减弱,但武术的实用性仍然是存在的,如武术可以用来防身自卫,人们习武可以保护自身安全,关键时刻也可以救助他人,这是具有实用性的武术从低级到高级的一种演变,现在的武术运动越来越充实、完善,成为中华民族传统体育文化的重要内容。

(五)兼容性

兼容性也是民族传统体育的一个重要特点。有些传统体育项目是某个民族的特有项目,而有的项目则是很多民族共有的,多个民族都有的传统体育项目大同小异,能够将各民族的文化特征充分体现出来,这体现了民族传统体育的兼容并蓄特征。例如,舞狮运动最初出现在西域民族,后来传入中原,这项运动被其他民族改造后,成为一项各民族所共有的传统体育活动。这就是民族传统体育兼容性特征的重要体现。

(六)观赏性

民族传统体育是以身体为形式载体的运动,它本身就具有鲜明的观赏性特点。民族传统体育之所以具有重要的观赏性特点,这与其具有以下几种美的特征是分不开的。

(1)动作美。我国传统体育项目众多,不同项目中蕴含有丰富的技术动作,技艺精湛,动作优美,动静、节奏、神韵等各具魅力。

(2)造型美。我国传统体育运动项目中,很多动作技术不仅具有高技术难度,还具有非常讲究的动作定型,这些动作定格的同时具有难、美特点,在运动过程的开始、过程中的停顿和运动结束的收势,有一个美的亮相、定格,表现了造型美。

(3)精神美。我国民族众多,不同民族具有不同的民族精神与文化心理,尽管民族性格不同,但各民族的良好品质与精神,如公平公正、顽强拼搏、胜不骄败不馁、积极向上、顽强斗志等,都能在具体的民族传统体育项目与文化中有所体现。

(4)风俗美。我国传统体育根深于丰富的民族传统文化中,各民族的民俗风情文化都蕴含在具体的体育文化形式、风格中,通过参与不同民族体育文化活动,能充分了解各民族风情、民俗。

(5)音乐美。我国很多民族传统体育活动的开展中都有音乐元素的加入,少数民族能歌善舞,音乐美为少数民族传统体育及其文化活动的开展更增添了乐趣与美感。

(6)服饰美。我国各民族都有自己的民族服饰,精美的民族服饰和配饰是各民族体育文化的重要构成内容,彰显了民族艺术与民族审美。

(七)人文性

总体而言,民族传统体育的人文性特征主要表现在以下几个方面。

(1)民族传统体育文化与宗教文化的结合与相互影响,在体育文化中吸取了宗教文化对人的道德标准的较高要求与内涵。

(2)多类型与样式的传统体育文化会彰显出不同民族文化的特点,民族的民俗活动、节日活动、体育活动是某一个民族的民族文化的性格与特征表现。

(3)我国传统体育有丰富的人文内涵,它强调以人为本,尊重人、关注人的健康、重视人与自然和谐发展。

(八)传承性

民族传统体育之所以能够一直延续至今并进一步发展,这与其具有一定的传承性特点是分不开的。就文化发展的基本规律来讲,任何一种文化的发展都具有积累性和变革性,在不同的历史发展时期,我国丰富多彩的传统体育文化会受到各种因素的影响而呈现出快速发展、发展停滞或者变革发展的发展状态,在历史的发展进程中,我国传统体育文化不断"取其精华,去其糟粕",进行自我完善,顺应社会的发展,最终得以生存和持续发展。

从历史的角度来讲,并不是所有在历史上出现过的文化都可称为传统文化,只有那些具有重要价值、具有生命活力,并得以积淀、保存和延续下来的文化才能称为传统文化。那些在特定历史时期内,受到人的主观认知和意识形态而发生改变的文化,有些得以保存,有些被淘汰,历经几千年的文明洗礼,传统体育文化作为我国的一种优秀的传统文化,和其他一般的文化相比,更具生命活力,因此才得以传承与发展。

三、民族传统体育的文化特质

(一)追求天人合一的哲学思想

中华民族传统体育文化植根于我国数千年历史的华夏文化之中,是在我国传统文化的影响下逐渐形成与发展的,我国传统文化中的很多传统哲学思想与观点内容都在传统体育文化中有所体现。

第七章 体育之特色——民族传统体育文化发展审视

作为中华传统体育哲学基础的是"天人合一"的自然哲学，"推天道以明人事"是中国人特有的思维方式。这些思想与思维方式对我国古人产生了重要的影响，绵延至今，影响了一代又一代的华夏儿女，并对多种形式的华夏文化产生影响。

在人类社会发展的早期，人们的认知水平有限，我国古代哲学家与思想家从天人关系问题的深思中，来领悟人生的意义及理想的生存模式。"天人合一"哲学思维和思想还融入具体的传统体育文化中，成为具体项目的理论内容，以武术为例，以"天人合一"思想为基础，以阴阳、五行、太极、道论等为指导，构成了我国武术丰富的拳技理法；遵循人自身、人与自然和谐发展的"天人合一"哲学融入以武术为代表的中华民族传统体育文化中，体现了我国古人的民族智慧。

（二）注重伦理教化

受历史传统的影响，我国传统体育本身蕴含着一定的政治、经济等功能，突出表现出重视伦理教化。儒家文化重视礼教，在儒家文化影响下，我国诸多传统体育内容都重视"礼"。

以射击为例，儒家文化的"礼"的表现反映到射击文化中，具体表现为"射礼"，要求射者"内志直、外体直，然后持弓矢牢固，持弓矢牢固，然后可以言中"。唐代木射，将"仁、义、礼、智、信、温、良、恭、俭、让"作为取胜标记，韩愈非议马球运动时也曾指出："苟非德义，则必有害。"

再以蹴鞠为例，蹴鞠是我国传统体育运动，被誉为是世界足球运动的起源，元明时期的《蹴鞠图谱》以专章论述儒家"仁、义、礼、智、信"在蹴鞠中的体现，指出踢球应以"仁义"为主等，踢球强调技术，更强调德行。

在我国整个封建社会时期，儒家文化一直是社会的主流文化，对我国的民族传统体育产生了极为深远的影响，儒家伦理教化内容对运动者的体育运动道德观都有重要的约束及影响。因此，我国民族传统体育呈现出注重伦理教化的特质。

(三)遵循严格的等级制度

在封建社会时期,我国有着严格的等级制度,这一制度渗透进社会的方方面面,在体育运动及其文化中也有重要的体现。

《易传》对我国封建等级制度有详细描述,指出君臣、父子、夫妇等尊卑有别,用礼义加以区别、规范,要求上下有别、长幼有序,彼此不能逾越。

西周射礼,有大射、宾射、燕射、乡射之分,不同等级的人所使用的弓箭、箭靶,伴奏乐曲及司职人员等也有明显的区别。

"秋狝"大典,按照礼制,皇帝所在的"黄幄"射出第一箭,歼兽活动才能正式开始。

《宋代·礼志》中规定,打马球要遵循各种礼制约束,如果有皇帝参加比赛,第一球一定要让皇帝打进,"对御难争第一筹"。

与西方国家所强调的公平、公正理念不同,我国传统体育的公平公正是建立在遵循社会等级制度的基础之上的,是同等级之间的公平与公正,并不存在绝对的公平、公正。

(四)彰显中庸礼让的民族品格

我国是一个文明古国,有着悠久的历史,受此影响,我国民族传统体育的内容也是丰富多彩的,各种体育项目都彰显出不同民族的文化心理与性格,多元民族构成的中华民族,有共同的民族文化心理,因此我国传统体育文化也表现出中华民族的共同民族性格与心理。这主要表现在以下几个方面。

1. 传统体育原理方面

我国传统体育文化追求顺应自然、顺应人体发展,而不强求,尽管在一些民族传统体育活动中,表现出坚韧、顽强、拼搏的民族性格与精神,但更多的是领悟体育活动中的智慧,而不像西方竞技体育那样单纯追求量化指标、挑战自我极限。

第七章 体育之特色——民族传统体育文化发展审视

2. 技术动作方面

在传统体育技术动作上,体育活动参与中,身体活动与生存智慧相结合,强调动作美、意境美、天人合一、形神兼备,我国各民族传统体育将中华民族以智斗勇、追求技巧的审美心理反映出来。

3. 竞赛规则方面

中华民族传统体育的对抗较量,讲究的是点到为止,是品德、技艺的综合对抗,交手过程中体现的是礼让为先、点到为止、不战而胜、心服而已、很多技术不能量化。

(五)注重养生保健理念

受历史传统等因素的影响,我国民族传统体育与传统哲学和宗教文化有着极为密切的联系。我国道教文化不仅影响传统体育思想,还直接促进了一些体育运动项目的产生。太极拳的产生和发展过程中,都表现出了对养生的重视,并以道家的技击卫身思想为基础,重视功法练习的养生作用。

我国民族传统体育具有独特的体育养生观。从生理健康的角度来讲,健康无论对个人,还是国家、民族都有着非常重要的意义。其他一切文化、经济、科技都是建立在国民健康的基础之上的,没有国民身体健康,就不会有国家、社会、民族的长期可持续发展。通过参与传统体育活动,可以获得快乐的体验、感受精神的愉悦、营造和谐的生存氛围,我国传统的多元化体育养生运动、养生活动等,更以其显著的健身性、娱乐性和民族性而受到人们喜欢。

"知其心者,知其性也,知其性则知人",当这种理念匹配上传统体育后,就出现了人们参与传统体育在于养生而非竞技。

我国传统体育文化中,其表现形式有许多都是将竞技、舞蹈、音乐等融为一体,这些传统体育兼具健身、养生、娱乐等价值,通过参与不同形式的传统体育运动,实现养生与身体健康,预防和缓解各种疾病与病痛是非常重要的一个动机。

第二节 我国民族传统体育文化发展的现状

一、民族传统体育的起源

在分析我国民族传统体育文化发展的现状之前,首先要搞清楚民族传统体育的起源。关于民族传统体育的起源主要有以下几种学说。

(一)劳动起源

可以说,任何一种体育运动的起源都可以追溯到早期人类的生产劳动上,民族传统体育的起源也不例外。劳动起源说是民族传统体育起源的一大学说。

1. 生产劳动方式、工具的体育项目演化

在人类社会发展的早期,社会生产力水平极为低下,人们生活在原始自然环境中,从原始自然中寻找生存资料以满足自身的生存发展。为了生存下去,原始人类开始学习并学会农耕,在农耕和狩猎活动中逐渐学会了运用各种器具。旧石器时代,人类通过打鱼、狩猎小动物及采摘野果来维持生计。在这些活动中,原始人类学习用棒投石,掌握了很多生活技巧,同时也提高了智力,变得更加勇敢。此时的各项身体活动除了要运用身体素质之外,还要掌握各种器械的使用方法,以便更好地实现目的。

在先秦时期,我国大部分地区或以狩猎或以农业谋生,远古人们为拓宽宜居环境的范围,寻找维持正常生活的生产生存资源。在和大自然(自然生存环境、自然灾害、野兽等自然因素)较

第七章　体育之特色——民族传统体育文化发展审视

量的过程中逐步产生了某些生产方式和生活方式,这些方式方法通过身体活动来实施,并最终演变为各种各样的体育活动。

随着社会生产力水平的不断提升,生产工具也越来越多样和先进。20 世纪 70 年代,山西、湖北、四川等地相继出土了多个石球和陶烧圆球,有专家研究表示,这些石球是早期人类用于投掷击打动物或儿童进行投掷练习所用的石球,有体育学专家分析指出,在人类发明弓箭后,狩猎活动有了更先进的工具,而石球就从狩猎工具转变为游戏用具,原始的投掷活动最终发展为体育投掷运动项目。

弓箭对于人类社会的发展可以说具有重要的意义。弓最早用于发射弹丸,弓箭的出现标志着原始人类在生活上出现巨变。弓箭被发明之后,成为人们生产、生活的重要工具,在狩猎、抵御猛兽袭击、与外族作战等活动中,弓箭发挥着不可替代的作用。弓箭的不断发展以及人们运用得越发熟练,促使人们的防卫能力有了进一步的提升,人们已不再惧怕野兽的侵袭,使人们的活动范围越来越大。在基本生存需求得到保障后,射箭就和上文提到的石球一样,从狩猎工具摇身一变,成为一项游戏活动,之后,射箭游戏演变发展成为射箭项目。

人类社会发展的早期,在生活环境恶劣、生活资料极为有限的条件下,人们探索并发明了农耕社会文化与牧猎社会文化,要想满足生存需求以及生产劳动需求,强健身体和较高身体素质是必不可少的,只有具备较高的农耕技能或射箭技能、跑步技能等,才能更加高效地完成农耕、采集野果、狩猎,才能战胜大自然、获得基本的生活资料。可以说,生产劳动技能的产生与发展是早期人类生存发展的必然要求,而这些技能在人们的基本生活生存得到满足之后被继续学习、传承下来,并不断融入更加丰富的社会文化内涵。

2. 不同民族生产劳动中的体育项目萌生

我国是一个多民族国家,各民族在生产生活上具有各自的特点。而各民族创造出的独特生活方式及生活技能源自于其独有的生产方式。就民族传统体育的起源而言，与原始人类的生存活动存在着密不可分的联系。

下面重点介绍以下几个民族传统体育项目，来说明民族传统体育项目是如何诞生的。

打布鲁——打布鲁源自于蒙古族人们的原始狩猎活动，蒙古族同胞将布鲁作为狩猎工具和防身武器。长此以往，打布鲁的蒙古族猎手们经常在一起看谁打得准、投得远，在互相较量下提高了投掷技艺，并在整个蒙古族形成一种民族文化形式，并逐渐发展演变成为一项独立的民族体育运动项目。

荡秋千——秋千是朝鲜族妇女代表性的民族体育运动项目，朝鲜族妇女大都非常喜欢，而且擅长秋千运动，这项运动在起源上和原始人类采摘果实联系密切。

珍珠球——满族的代表性民族传统体育运动是珍珠球运动，这项活动源自于满族同胞日常的"采珍珠"活动，之后从生产技能，到日常娱乐活动，最终发展成为一项竞技性民族传统体育运动项目。

射箭、叉草球——赫哲族先民以捕鱼为生，以狗拉雪橇为交通工具，这种具有地域性和民族特色的渔猎风格的生产劳动，成为打爬犁、叉草球、射箭、快马子赛等诸多民族传统体育项目产生的重要土壤。

飞石索——彝族群众中盛行一种被称作"人尔"（飞石索）的掷石运动，类似于"皮风子"，是彝族群众重要的狩猎工具和放牧工具。该民族传统体育项目的产生，源于彝族人民群众的牧区生产生活，在牧区，很多人都身怀掷石子的绝技，在闲余时间用这种体育游戏和活动来打发时间和锻炼身体。

投绣球——壮族人民都非常喜爱的一项体育活动。据有关资料记载，投绣球有着悠久的历史，早在两千多年前的花山壁画中就能寻觅到投绣球的踪影，那时的绣球由青铜铸制，是一种重要的生产用具和作战兵器，而非游戏用具，至宋代，抛绣球发展成

第七章 体育之特色——民族传统体育文化发展审视

为壮族人民喜闻乐见的一项体育活动。

以上只是我国民族传统体育很少的一部分,这些项目都具有显著的民族特色,与当地民族的生产生活条件、环境等有着非常密切的关系,大漠中的骆驼赛跑、江南的龙舟竞渡等都客观反映了农耕民族文化、山地民族文化、游牧民族文化特点,不同的民族在不同的特殊地域条件下,生产工具和生活方式都在各族人民的民族传统体育中留下了深深的文化印记。

综上所述,民族传统体育活动起源于人们的生产劳动,早在原始社会时期,部落氏族中已经具有了民族传统体育文化,在漫长的民族发展历史中,各族人民的丰富多彩的身体活动不仅是民族传统体育运动的基本形式,也是生活生产技能上的基础。这些源于早期各民族生产生活的各种身体活动、身体技能,就是民族传统体育产生的雏形。

(二)祭祀起源

在原始社会时期,人类的认知水平有限,对大自然充满了敬畏和恐惧,当自然界出现一些光怪陆离的现象时,先民们不能用合理的科学知识去解释大自然的一些现象,因此他们认为自然万物是有灵魂的,认为大自然的一切都是由神灵来控制的,人们要想获得充足的生产生活资料应该祈求"苍天庇佑",因此就产生了"万物有灵"的观念和神灵崇拜的思想。

在原始社会,人类存在着崇拜自然的思想,为了表达自己对大自然的敬意,让自然的"神灵"们看到自己的诚意,就逐渐出现多种娱神的敬天活动。这种活动在我国各个历史时期都普遍存在着。

经过现代考古发现,在原始社会时期,许多部落氏族都有自己的图腾,作为保护部落氏族生存发展、获得农业、渔猎丰收以及在战事中获胜的精神力量。原始社会的各种图腾祭拜、神灵祭祀、宗教祈福活动,成为早期人类的一种非常重要的生活仪式,备受重视,并通过各种有节奏、有规律的身体祭祀活动与形式表现出来。这些早期祭祀行为在人类认知不断提高之后，逐渐脱离宗教迷信色彩，演变为日常娱乐健身活动，并最终发展成为民族体育运动。

原始祭祀活动，内容丰富、形式多样，一般表现为对鬼怪神灵、飞禽走兽进行模仿的舞蹈，用这种特殊的被赋予了某种意义的舞蹈，实现祈求丰收、消灾、获得健康的愿望。这些身体活动为我国舞蹈、体育舞蹈、民俗体育的产生奠定了内容基础。

这里重点分析以下几种从早期人类祭祀活动中发展而来的民族传统体育项目。

稳凳——稳凳是浙江畲族民间传统竞技类体育项目，它的产生与早期畲族的生产生活中先民的神灵、图腾崇拜等宗教祭祀行为有着直接联系。

百兽舞——百兽舞是我国古代舞蹈的代表，这种舞蹈最初的用途是迎神赛会、祭祀和庙会祭拜，后发展成为民间民族体育活动内容。

舞龙——龙是中华民族的重要图腾，在早期人们完全依靠农耕生产为主要生产资料获取形式的社会生活中，农业生产基本依靠"天收"，农业收成受自然天气与气候的影响因素非常大，同时，加上原始人类对自然现象与规律认知有限，他们认为龙是众神的化身，它能上天入地、行云布雨。当遭遇到恶劣天气和气候，尤其是天气持续高温而造成旱灾时，庄稼干枯，没有收成，人们就没有粮食，无法生存，因此便萌生向龙祈求降雨的愿望，早在殷商时期，甲骨文中已有记载祭龙求雨的文字，"其乍龙于凡田"。到了西汉，董仲舒在《春秋繁露》中详细地记录了舞龙求雨的过程。祭祀活动中，人们在地上舞龙，认为这种方法可以令天上的龙感应到，并降下甘霖。之后，随着人类文明的不断发展，舞龙活动逐渐脱离了宗教祭祀，进而发展成为一项民族传统体育运动。

拔河——拔河运动也源于早期人类的祭祀活动，《荆楚岁时记》中记录了在寒食节举行拔河活动的盛大场面。古代的先民认为拔河是感应农作物，可以表现庄稼茁壮成长，活动的进行能预示农业的丰收。

拉鼓——拉鼓是一种与拔河相类似的活动,其活动形式、祭祀意义、规则等都与拔河非常相似,中间设有两道"河界","河界"的中间放鼓,两队拉鼓,率先拉过河界的一方为胜者。

龙舟竞渡——龙舟竞渡是我国南方地区端午节前后经常举办的民族传统体育运动,在我国南方地区,人们依水而生,渔舟是最常用的捕捞工具、交通工具,同时龙舟竞渡还与祭祀屈原、请求神灵庇佑百姓安康有密切的关系。

综上所述,早期人类祭祀活动是人类社会文明产生的重要起源,这些丰富的宗教祭祀活动不仅表现了先民对美好生活的向往,也表现出先民的身体活动的创造智慧,为我国丰富多彩的民族传统体育的诞生提供了一定的文化土壤。

(三)战争起源

古人所处时代,生产生活资料有限,为了获得供个人、本族、部落生存的资料,个人之间、各部落群体之间必然会起冲突。

个人之间的争斗,促进了人与人的对抗技能的快速发展,为了不断增强个体的身体素质与运动技能,个体就会不断加强自身的技能技巧练习并积极钻研使用各种工具,因此,促进了早期的体育运动技能、技巧的雏形的产生,并在之后发展成为对抗性体育运动和表现类体育运动,如投掷、那达慕、射箭、击剑、骑马等。

进入阶级社会后,为了提高生存质量,获取更多的利益,争夺领土和地盘,部落之间便逐渐爆发出激烈的矛盾与冲突。早期社会一旦发生部族战争,无论男女老少,全民皆兵,利用土木、石器、金属器等开展肉搏战、车马战。在原始社会,木棒和木矛是人们最初常用的武器,《管子·地数篇》曰:"葛庐之山,发而出水,金从中出,蚩尤受而制之,以为剑铠矛戟,是岁相兼者诸侯九。"《路史·后纪四》注引《世本》言蚩尤"作五兵:戈、矛、戟、酋矛、夷矛"。这些武器都有很强的破坏力,在河姆渡遗址中被大量发掘。随着社会生产规模的扩大,在畜牧业、农业等领域出现大分工的现象,从农业中分离出手工业。在这种情况下，人类社会进入到部落联盟和私有制阶级，社会局部矛盾的激化，战争规模不断扩大，战争更加频繁，战争的日益频繁和激烈，推动兵器的质量与威力不断提升。刀、棍、矛、棒等兵器在制作技术上的优化，促进了我国传统武术的发展。商周时期，兵器的种类更加丰富且质量上有了明显的提高，这些兵器在很多情况下运用在武舞上，成为重要的舞具，这对武舞的普及与发展是非常有利的。兵器在武舞中的广泛应用使得武术技击和舞蹈开始进行结合，刀主要用于战争，剑的作用较弱从战场上逐渐退下来，成为民间习武健身的重要工具，逐步获得了快速的发展。

(四)教育起源

在原始社会时期，无论是个人争斗还是部族战争，其产生矛盾冲突的主要原因就是想要占有更多的生产生活资料，为了使个人和后代在各种大小斗争中能获得生存机会，并持续不断生存发展下去，先民在生产、生活实践中总结经验和教学，将这些能力当成子孙适应社会环境的生存竞争能力。先人们有意识地将各种器具用法、用途以及各种搏斗方法、技巧传授给下一代，传授给子孙后代，经历时代传授，最终使早期体育文化活动的内容不断普及推广。这种言传身教的早期技能教育，促进了体育运动内容与形式的传承，也确保了人类文明的持续传承。

因此，早期的战争与教育，使得不同文化、不同血缘的部落在持续碰撞中交流、融合，同时，促进了一些身体活动内容、方法与技巧能在人类的生存发展历程中被不断丰富、传承下来，也促进了各种民族传统体育的形成与持续的传播与发展，最后发展成为丰富多彩的民族传统体育文化体系。

(五)健体起源

古人生活环境差，经常会面临自然灾害和各种疾病的侵害，为了增强体质、减少疾病产生，会有意识地进行各种身体练习，以增强体质。竞技、乐舞、角力等活动都是早期人类通过身体活动以抵抗疾病而产生的体育运动。

《黄帝内经·素问》中记载:"中央者,其地平以湿……其民食杂而不劳,故其病多痿厥寒热,其治宜导引按跷,故导引按跷亦从中央出也。"《吕氏春秋》中也提到了"民气郁瘀而滞者,筋骨瑟缩不达,故作为舞以宣导之"。

因为自然原始的生存环境与条件,古人非常容易生病,遭受各种伤病侵害,古代人"内多郁闷,外多足疾",因此在日常生活中总结出舞蹈、屈伸俯仰等动作,通过这些动作的练习来活跃身体气血、增进精神、提高抵抗力,以达到强身健体的目的。

(六)养生起源

古人热衷于养生,追求"长生不老",我国很多导引养生术就是在古人探索长生不老方法的过程中产生的。

在我国整个封建社会,养生都是人们非常关注的生存问题。战国时期,社会生产力提高,养生方法和思想更加活跃与丰富,逐渐发展为导引行气、房中、服食这三大流派。庄子是最早提出"养生"的思想家,其在《庄子·刻意》中所说的"熊经鸟申"即为现代导引术。先秦时代,我国各种导引术内容丰富、种类多样,这一时期的各类导引术姿势简单,动作难度不大,通常都是对单个动作进行模仿。后来导引术的动作不断得到丰富。到了汉代,我国导引有了质的飞跃,相传,东汉末年名医华佗发明五禽戏。到了魏晋南北朝时期,社会各阶层更加注重道教,希望长生不老,羽化成仙,这极大地推动了导引养生术的系统、快速发展。隋唐时期,道教、佛教盛行,医学技术水平不断提高,导引术在理论和实践方面都呈现出繁荣发展的形势。北宋至明清时期,导引中的健身功法被完整地继承下来,其中的经典包括二十四式坐功、八段锦、易筋经、十二段锦、延年九转法等。上至帝王将相,下至普通百姓,都积极地采取各项手段与举措,以达到养生目的。

经过长期的发展,我国民族传统体育内容丰富、种类多样,很难说是具体上述某一种文化形态与人类活动的发展,而且上述各种文化形态与现象相互之间也有着非常密切的关系。因此,可以说,我国民族传统体育是劳动、祭祀、战争、教育等综合发展的结果。

二、民族传统体育的发展

(一)古代民族传统体育的发展

1. 先秦时期

夏、商、周、春秋战国两千多年的历史,是我国处于相对比较稳定的发展时期,这一时期也是我国民族传统体育的形成时期。

夏商周时期,我国阶级社会文明产生、成熟,基于与自然的对抗,各部族间的对抗,各种体育战术技能发展迅速。先秦时期的我国北方,少数民族多以畜牧业为主,射箭是猎取食物、防御野兽侵害的工具,也是非常重要的战争武器。我国北方少数民族的射箭技术精湛,弓箭制造精良,是当地的一项重要的民族体育活动内容。

春秋战国时期,经济发展处于一个相对繁荣的阶段,社会生产达到较高水平,从而触发了先秦诸子百家争鸣的盛景。人们的思想空前活跃,文化繁荣,道家哲学思想否定"天命",提出"天人合一",成为中国古代体育思想,如养生思想、武术思想的重要根源,多元的汉民族文化与少数民族文化密切结合,据《战国策·赵策二》记载:"今吾(赵武灵王)将胡服骑射以教百姓。"举重、秋千、风筝等各民族体育活动也流传广泛。丰富的民族体育活动有较为广阔的文化发展空间。

2. 秦、汉、三国时期

秦、汉、三国时期,是我国民族传统体育发展的一个兴盛

第七章 体育之特色——民族传统体育文化发展审视

时期。

秦始皇统一六国后,结束了诸侯争霸的局面,全国范围内以中原农耕文化为主流文化,同时向占领的土地大量移民,在全国范围内形成统一的文化。在这一时期,汉民族文化外传并积极影响了少数民族体育文化。

汉王朝建立之后,统治者继续推行统一政策。在此时,北方兴起了实力强劲的少数民族政权匈奴。匈奴与汉朝经常发生矛盾与冲突,在冲突过后又开始相互接触,在不断的碰撞、交锋与融合的过程中,各民族文化获得了共同繁荣与发展。

3. 两晋、南北朝时期

西晋末年,发生了"永嘉之乱",南北方进行激烈的民族冲突,北方地区的匈奴、鲜卑等少数民族蠢蠢欲动,不停地向中原王朝的边境地区进攻以扩大自己的领土,被蚕食领土的原住民被迫向南躲避战乱,又促使南方发生民族变迁。

"永嘉之乱"之后,"分久必合",天下安定,各民族之间虽然有矛盾和冲突,在从某种意义上来说也是一种被动的融合。很多少数民族也开始认同中原地区的汉族传统节日,东晋时期,中原的传统节日活动三月三在河边举行祭祀仪式,以祈求远离灾害和疾病,"上巳"日"祓除不祥",逐渐与游春相结合,成为民族民俗节日娱乐活动。同时,游牧民族攻入中原后,也将骑马、射箭等游牧文化带到中原地区使之得以传播发展。民族体育文化逐渐打破了地域性发展局限。

4. 隋唐时期

隋唐是我国历史上的繁荣发展时期,社会安定、经济文化繁荣,尤其是在盛唐时期,国家内部安定,同时还积极接纳外来文化,努力发展与外邦的睦邻友好,从而使国家强盛兴旺,百姓安居乐业,文化繁荣。

在这一时期,各种体育活动兴起并迅速传播开来,多与民族风俗、节日节令紧密结合,成为百姓喜闻乐见的体育健身娱乐活动。如重阳登高、元宵节舞龙舞狮、端午龙舟竞渡、"寒食"蹴鞠等。

在民族体育外传方面,隋唐时期,国力昌盛,影响力广泛,长安更是发展成为一座国际大都市。据史料记载,这一时期,曾有来自世界40多个国家的使臣先后来此觐见唐朝统治者,就在这一时期,蹴鞠、投壶等运动传入日本,围棋、蹴鞠等传入朝鲜。

5. 宋元明清时期

宋、元、明、清时期,尽管不同的统治者在位期间,大、小规模的战争也时有发生,但整体来看,政治稳定、经济繁荣,为民族传统体育文化的发展奠定了良好的社会环境基础。

宋朝时期,表演武艺的兴盛使得套子武艺开始大量出现。诸军春教时"禁中教场,呈试武艺,飞刀斫柳,走马舞刀,百艺俱全"。

辽、金、元朝,统治者为游猎民族,如契丹族、女真族和蒙古族等都以畜牧狩猎为生,离不开骑射,这些少数民族统治时期,促进了骑术、弓箭术、角抵(摔跤)的发展。

清朝统治时期,统治者大力推崇本族民族(满族)传统体育文化和活动,如骑马、射箭、角力、冰嬉等民族传统体育运动得到了进一步的发展。

(二)近代民族传统体育的发展

发展到近现代,我国民族传统体育受到了西方文化的强烈冲击。

1. 汉民族传统体育

近代,西方竞技体育传入我国,我国有识之士在体育强国救国方面进行了深入的思考,近代中国在政治、经济、文化上都陷入到艰难境地,面对传入到中国的西方体育文化有不少人持反对之声。

第七章 体育之特色——民族传统体育文化发展审视

1915年,体育界的一些有志之士对民族传统体育文化的发展进行反思,主张从实际出发,对民族传统体育文化进行再认识与再评价。找出其适应时代发展特点,打造一种"适宜运动"。这就是我国体育运动的"土洋之争"。

洋务运动中,洋务派和改革派积极改革寻求救国之路,他们认为,西方不仅军事实力强大,工业水平高,还重视体育发展和民众健康,于是开始大力提倡在当时已经丧失的习武传统,以达到强国、强民的目的。武术一度成为强国强种的重要体育运动项目,各地武术学练热潮高涨。

20世纪20年代,很多有志之士对民族传统体育的活动形式进行归纳和总结。在对民族传统体育文化的再认识中,研究者们不再单纯从军事、娱乐、祭祀等意义上来分析民族传统体育文化,民族传统体育被更多地以民族体育文化对待。

为了进一步普及、弘扬民族体育文化,很多体育学者、体育爱好者积极整理民族体育,并建立体育组织。精武体育会等组织以全新的体育组织形式代替了之前武官等传统封建社会的组织形式,使民族传统体育运动更加普及。这一时期,一些专门针对民族传统体育的研究专著开始出现,马良等学者结合西方体育形式,对民族传统体育进行改造。王怀琪在《正反游戏法》中重点研究了一些体育游戏,推动了民族体育游戏的发展。这一时期,滑冰、空竹、跳绳、风筝等民族体育运动都得到了进一步的整理、研究、传播。

在体育文化不断发展的过程中,中西方体育文化发生了猛烈的碰撞,尽管受到西方体育思想的冲击,但是,民族传统体育并没有消失,而是在新的体育思潮下不断完善和发展。

2. 少数民族传统体育

整体来看,少数民族传统体育在本民族生活区域内依然保留着良好的传统,但很少向外传播,很多民族传统体育项目还因为灾害、战争等逐渐失传。

(三)现代民族传统体育的发展

改革开放后,以武术为代表,为进一步保护和传承我国民族文化,国家体委武术研究院成立,1979 年开始,我国民族传统体育的挖掘、整理工作重新启动并有序开展。1982 年,《中国武术拳械录》一书出版,收入了先后发掘的 129 个拳种。

自 1982 年起,我国规定每四年举办一届少数民族传统体育运动大会,这标志着民族传统体育经数年来的蛰伏后,进入了稳定、持续发展的历史时期。

20 世纪 90 年代以后,我国民族传统体育发展迅速。1990 年,第 11 届亚运会上,武术被列为正式比赛项目。1991 年,内蒙古举办首届"国际那达慕大会"。1998 年,教育部重新设置民族传统体育专业。

21 世纪以来,我国在实现和促进民族传统体育运动发展方面做了很多工作,为使武术进入奥运会。2003 年,我国重新修订了《武术(套路)竞赛规则》,武术的竞技化程度进一步提高。全国少数民族传统体育运动会持续开展,规模和影响力不断扩大,此外,我国优秀的民族传统体育项目,如毽球、龙舟、风筝、围棋等项目逐渐走出国门、走向世界。

第三节 我国民族传统体育文化发展前景与对策

一、我国民族传统体育的发展前景

民族传统体育是我国体育事业的重要内容,在发展竞技体育的同时不要忽略了民族传统体育的发展。在 21 世纪,除了要加强竞技体育文化的发展外,还要做好我国民族传统体育的传承,这也是实现中华民族伟大复兴的重要内容。通过对民族传统体育发展现状的了解和掌握,我们可以预知民族传统体育的未来发展走向。

(一)民族传统体育的科学化发展

在当今时代背景下,任何事物的发展都要遵循科学发展观,民族传统体育的发展也理应如此,向着科学化的方向发展就是我国民族传统体育的一个发展方向。民族传统体育的科学化发展不仅是自身的需要,同时也是与我国社会主义现代化建设相融合的客观要求。在科学发展观的指导下,民族传统体育的各项工作能有条不紊地进行,如今我国传统武术、健身气功等的发展步伐较为稳健,在社会上的影响力逐步加大,其中一个很重要的原因就在于遵循了科学发展观的基本理念。

以武术为例,我国武术的大部分项目如今在套路动作、科学研究等方面都取得了巨大的成就,已逐步走上了科学化发展的道路。而综观整个民族传统体育,其科学化发展只是停留在少数的单一的民族传统体育运动的范畴和层次,这是远远不够的。民族传统体育是一个有机整体,其发展应注重统一性和同步性,要与我国的具体国情相适应,能适应现代社会发展的要求及具体实际,这样才能获得健康的发展。

总之,民族传统体育的科学化发展主要是建立在社会主义事业基础上的科学化发展,为实现这一目标,必须要建立一个科学发展的体系,这一体系的内容主要包括理论建设、市场发展、人才培养等多个方面。

(二)民族传统体育的产业化发展

1. 民族传统体育产业化发展的条件

(1)民族传统体育产业化市场体系不断完善

虽然我国目前尚处在社会主义的初级阶段,市场化、商品化仍然不够完善,但作为一个市场体系,其内部的各类市场之间都是存在相互依赖、相互制约、相互促进的关系。由于受到各方面条件的约束,在特定的阶段有可能会出现某一种特定的市场保护。不过,从使市场调节功能和作用得到充分发挥的角度来看,市场应当是开放的、统一的。

随着我国改革开放逐渐深化,国家综合实力得到很大提高,人民的生活水平和质量也有了很大的提高和改善。不过,同西方发达的国家相比较而言,我国的综合国力和人民的生活水平依然处在相对较低的水平。从经济规律来看,只有通过强大的国家整体经济实力,才能更好地保障我国民族传统体育产业得以健康有序发展。

(2)民族传统体育产业化体制的深化改革

民族传统体育产业基础较为薄弱,其起点相对较低,并且民族传统体育产业化也是一个需要耗费巨大资金的产业,这也使其面临着非常严重的资金短缺问题。在这种情况下,只有通过发挥政府的力量,通过制定合理的政策和法规来加以引导和扶持,同时也要给予相应的财政支持,并鼓励社会企业和个人参与投资,投资方向以项目经营开发和场馆基础设施建设为主。

同时,民族传统体育产业化也要将民族传统体育市场的发展作为前提,这就需要通过借助于政府的力量来对民族传统体育市场加以培育和规划,促使其发展成为一个较为完善的市场体系。结合各个地区的区域特点、民族特色和具体实际,来构建以民族传统体育健身娱乐市场、竞赛表演市场和体育旅游市场为主体的市场体系。与此同时,在整个的管理引导过程中,政府主要进行宏观管理,同时辅以培育和扶持。

目前,民族传统体育市场体系必须要建立起来,并加以完善,同时要对更为合理、科学的法制化管理措施加以制定和实施,以促使民族传统体育产业系统内的所有企业和机构都能够真正进入到自负盈亏、自主经营、自我发展的良性循环之中。只有如此,在市场经济大浪潮中,民族传统体育产业才能获得稳定、健康的发展。

第七章 体育之特色——民族传统体育文化发展审视

(3)民族传统体育与旅游等其他产业协同发展

如今,旅游业已经成为当下的"朝阳产业",其发展潜力非常大,这也是其成为我国很多地区经济发展的支柱产业和战略产业。特别是在我国西部地区发展中,这些年来通过借助于自身的人文资源和自然资源优势,对以旅游业为龙头的第三产业进行了大力发展。民族传统体育产业同旅游业等相关的服务产业有着非常大的关联效应,特别是民族传统体育项目在旅游业中原本就是具有独特魅力和特色的重要内容。这就要求各个地区在发展民族传统体育产业化方面,都应重视将其同旅游等产业相融合去协同发展,以此来彼此互相推进、共谋发展。

(4)民族传统体育产业化相关的人才培养体系的加快构建

在民族传统体育产业可持续发展方面,人才的缺乏是其所面临的一个非常重要的问题。人才匮乏主要表现为两类:一类是从事对民族传统体育进行推广和传承的人才越来越少;另一类是从事民族传统体育经营管理的人才越来越少。这就需要我们进一步加强民族传统体育的推广和传承工作,构建民族传统体育相关的利益机制,并加强培养和培训民族传统体育经营管理人才。其中,采用"短、频、快"的手法来培训现有的人员,以满足当前所需。从长远的角度来看,要构建规范的人才培养体系,就要在高等院校开设民族传统体育相关的专业。目前,吉首大学所设立的国家民族传统体育基地和民族预科人才的培养,在培养相关人才方面已经建立了相对比较完整的体系。

(5)民族传统体育市场的整体运营水平的提升

总的来说,在发展民族地区经济方面,民族传统体育发挥出了非常积极的推动和促进作用。它以奇特、新颖、惊险、刺激的特点吸引了越来越多的观光者,相比于现代竞技体育来说,其更加具有表演性、娱乐性和观赏性,由于其形式多样、内容丰富,在旅游界深受青睐。

近年来,为适应和满足市场需要,民族地区旅行社、旅游公司等纷纷推出了民族特色鲜明的民俗风情专线旅游。人们生活水平正在不断提高,再加上多形式、多层次、多渠道的赞助和运营,民族传统体育产业化必将得到提高和长期稳定的发展,创造出巨大的经济价值。可以说,民族传统体育产业化的发展前景和空间是非常光明和广阔的。

2. 民族传统体育产业化发展的对策

(1) 深入挖掘与开发民族传统体育的经济价值

①对民族传统体育的经济价值进行科学的定位。

对民族传统体育的经济价值进行深入挖掘,首先要从科学的角度对其经济价值进行准确定位,目的是分清哪些是无形的经济价值,哪些是有形的经济价值;哪些是直接的经济价值,哪些是间接的经济价值;哪些价值可以永久利用,哪些价值只能利用一次;等等。只有弄清楚这些,才能在经济价值的挖掘与开发利用中做到心中有数、有的放矢。此外,科学定位也是为了能够挖掘出民族传统体育的独特价值,以便将具有独特价值的民族传统体育项目投入市场后能够实现价值增值,更好地推动民族传统体育产业的发展。

②注重民族传统体育经济价值开发的可持续性。

首先,地域性是民族传统体育的一个鲜明特征,在民族传统体育产业发展中,要利用好这个特征去打造具有地域特色的品牌活动,在品牌活动中融入民族传统体育文化内涵,使不同地域的人能够利用休闲时间参与和感受地域特色鲜明且蕴含着深刻文化意义的民族传统体育活动,参与者也能利用这个机会进行文化交流,借此平台宣传本地区的特色民族传统体育项目,学习其他地区的特色项目,这充分体现了民族传统体育经济价值的可持续利用性。

其次,在民族传统体育经济价值的开发中,将现代科技手段充分利用起来,以促进开发效率的提高。有些民族传统体育项目不合大多数人的"胃口",所以可利用现代科技手段对其进行适当的改造,以使多数人的需求得到满足。要注意在改造中对优秀文化内涵和特色元素的保留,确保其发展的可持续性。

③科学采用营销策略加速民族传统体育经济价值的开发。

为提高民族传统体育经济价值的开发效率,可以采用联合开发的途径,这就需要对适当的营销策略加以采用,如对于中小企业来说,可采取的策略有借力营销、共生营销、缝隙营销;对大企业来说,除了采用这些策略外,还可以采用网络营销策略,以迅速打入国外市场,获得市场份额。

(2)借助节日旅游平台发展民族传统体育旅游产业

传统节日作为中华民族传统文化的一个特色组成部分,历来受人们重视,除了端午节、中秋节等众所周知的传统节日外,我国少数民族地区也都有极具民族特色的节日。民族传统体育是少数民族节日活动中的重要内容之一,地域色彩鲜明的传统体育项目出现在民族节日中可提升节日的影响力与感染力。这样,民族节日就成为展示民族传统体育文化的重要舞台,因此在民族传统体育产业的发展中,尤其是旅游业的发展中,可将民族节日平台充分利用起来,吸引更多的游客。

(3)构建民族传统体育产业的信息化平台

在信息时代,要进一步发展民族传统体育产业,有必要建立网上信息化服务平台,充分发挥信息的导向作用。在网站的相关模块中上传民族传统体育比赛、产业合作等信息,不断更新与完善信息,为社会大众提供更好的信息服务,提升民族传统体育产业服务水平。

(三)民族传统体育的网络化发展

我国众多的民族传统体育项目都是从各民族富有特色的地域和人文环境中衍生而来的,这些项目大多源自于民族群众的日常生活和风俗习惯。民族传统体育已经成为各民族群众的一种普遍认同的精神符号,他们对这些项目有着深厚的感情,也注重对项目进行悉心传承与保护。

在实际保护和传播工作中,传统的保护方式已然显得落伍,其关键在于难以真正还原真实、生动、形象的民族传统体育活动，如此则不能将其特殊性完整地展现在大众面前。现如今，随着信息技术的不断完善，计算机引领的互联网技术为实现民族传统体育的完整保护提供了更具有优势的方案。通过系统全面的记录方式，为民族传统体育项目建档，利用网络平台进行传播，这对民族传统体育的传播来说无疑是最为有效的方式。

1. 网络化传播的途径

目前，对民族传统体育进行网络化传播的途径主要有如下三种。

(1)竞技传播

竞技，是体育运动的重要形式。对于民族传统体育的传播也需要有竞技的形式，为此，我国举办了全国少数民族传统体育运动会，这可以称得上是我国民族传统体育的盛会，是展示传统体育项目的大舞台。民运会项目的设置将传统体育项目进行竞技化，各省市也会举办相应的运动会或单项竞技赛，这些竞技活动为传统体育项目的传承传播提供了平台，将具有民族特色的体育项目展现出来。但需要认识到的是，能够成为民运会比赛项目的运动毕竟是少数的，还有大量项目没能进入到其中，也就失去了竞技传播的机会。对于这类项目的保护还是要从内容和文化上着手，力求提高项目的民族性和竞技性，然后立足于大众健身娱乐之中，以此推动民族传统体育事业的传播和网络化发展。

(2)教育传播

学校是重要的知识和技能的传授场所，文化的传承必定离不开学校教育这一重要途径。对于民族传统体育文化的传承来说，学校是最容易实现推广、增强其影响力的地方。文化传播的重要受众是广大社会民众，但学生群体是最为重要的传播对象，他们作为社会建设的接班人，他们的思想及其对民族传统体育传承的看法决定了未来社会对这项事业的看法。为此，务必要建立起针对民族传统体育及其文化的完善体系,并以学校教育传播为重要传承模式,持续推进民族传统体育的传播与发展。

(3)旅游传播

民族传统体育广泛存在于各民族地区之中,这些民族地区中有很多拥有丰富的旅游资源,是游客青睐的旅游目的地。由此也为民族传统体育的传播创建了另一条渠道,那就是旅游传播。通过挖掘和开发民族传统体育旅游资源,不仅有利于民族传统体育的传播,还是丰富地区旅游内容的良好举措,可谓是一举多得。通过具有体育特色的旅游活动,让游客在休闲体育活动中体验到民族传统体育活动的魅力,这种旅游活动已经成为当下体育旅游产业的亮点,让游客在强身健体的同时还可以建立民族情感、塑造心灵。

2. 网络化传播中遇到的阻碍

(1)缺乏专业人员

尽管目前我国大众对弘扬民族传统体育运动的倡议大力支持,但对这些宝贵民族文化的保护意识和传播意识仍旧稍显不足,再加上有关部门对队伍的建设不够完善,使得民族传统体育的网络化传播工作难以正常开展。现如今,网络化体育传播的主战场在竞技体育领域,而对民族传统体育的网络化传播力量薄弱,人才更是稀有。在民族传统体育文化保护与传承过程中显现出数字与网络技术不够先进,运用不够灵活等问题。这问题直接指向了缺少了解与尊重民族传统体育文化的专业人才这个困局,现有大众网络传媒所制作出的内容过分娱乐化和趣味化,这是对民族传统体育文化价值的损害,非常值得人们警惕。而要想解决这个问题,还是要从挖掘和培养专业人才入手,这才是解决问题的根本。

(2)网络资源匮乏

网络是由文字、图片、GIF动画、音频和视频等多媒体组成的综合体。就我国目前有关民族传统体育网站的情况来看,图文仍旧是信息的主体，信息形式略显单一，更重要的还在于内容不足，采编水平低。尽管一些网站提供了音频、视频等资料，但数量不足，内容不构成体系，给人一种"东一下、西一下"的零碎感。无米下锅的局面是困扰目前我国民族传统体育网络传播的关键问题，这也使得相关数字化工作处境不佳，如此下去自然不容易吸引广大受众对民族传统体育的兴趣。

(3) 缺少资金支持

我国拥有近千项民族传统体育项目，这一数量可谓是惊人的，如果妄图将这些项目全部进行数字化和网络化处理，无疑需要不菲的资金予以支持。如果将其中一些代表性较强的项目进行精心包装和制作，则需要更多的资金才行。

现阶段各级政府已经对民族传统体育文化的保护与传承工作给予了很大重视，并为此做出了不少实质性的资金投入。与过去相比，现在对此投入的资金已经有了较大幅度的提升，但就目前的投入和需求相比仍旧难以满足，资金缺口仍旧较大，数字和网络技术的最大优势还难以在地域性强、分散性特点突出的民族传统体育文化保护与传承中发挥应有作用。由此也就决定了对民族传统体育文化的保护与传承工作的资金投入需要长期进行。

3. 民族传统体育网络化平台的构建

现代的信息网络化将世界各地的信息连接到了一起。正是这种信息传递的快速性，提高了人们的生活效率，也让人们对外界事物的了解更快、更多、更广。网络化可以称得上是一种革命，要想实现网络化资源共享，就需要建立起一个可供展示的平台，即网络化平台。如果是为民族传统体育的传播发展构建一个专门的网络化平台，首先就要挖掘出丰富的内容，这样才能吸引对民族传统体育感兴趣的受众前来浏览。

考虑到我国民族传统体育发展的紧迫性和重要性，对相关网络平台的建设工作要加紧开展。政府在建设过程中要突出发挥组织作用,特别是在信息内容收集阶段要派专业人员深入广大的民族地区考察调研,保证收集到的内容确实能让受众通过浏览后对民族传统体育风情有所了解,进而促使他们逐渐形成自发保护和传播民族传统体育的意识与行为。

(四)民族传统体育的人才化发展

在新的时代背景下,科学技术日新月异,获得了快速的发展。进入21世纪后,我国提出了"科教兴国"的发展战略,而要想实现"科教兴国"的目标,就必须要狠抓教育。近年来,我国的教育取得了一定的成绩,民族地区以及西部等地区的教育得到了较大程度的发展,但与东部沿海等地区相比,仍然存在着不小的差距。如何缩小东西部地区以及经济发达地区与不发达地区之间的差距,这是摆在我们面前的一个重大课题。

21世纪,最重要的是人才,人才于社会发展的过程中扮演着十分重要的角色。因此,我们必须要抓好人才的教育,以此培养出一大批高素质的人才。在民族传统体育发展中,教育水平如果得不到提高和发展,就会影响社会各类人才的培养,并且在很大程度上影响民族地区学校体育的发展。民族地区的教育水平落后,就会导致人才流失,与之相关的民族传统体育项目也就难以得到良好的传承,甚至有可能灭绝。

总之,为促进我国民族传统体育的可持续发展,必须要建立一个以教育为基础的人才发展观,建立和形成一个健全、完善的人才体系,这才是民族传统体育发展的正确道路。

二、民族传统体育传承与发展的手段及措施

(一)建立和健全民族传统体育的学科体系

通过多年来的发展,目前我国已基本建立起了一个民族传统体育的学科体系,这对民族传统体育科学理论研究以及诸民族传

统体育项目在今天乃至未来的发展都具有重要的意义。在发展民族传统体育的过程中,要组织一批文化学、民族学、民俗学、体育学学者合作研究,坚持用严谨的科学态度和方法对民族传统体育进行甄别、选择,进而进行全面而深刻的分析。从民族传统体育的文化内涵中进行全面深刻的剖析、探寻民族传统体育的本质特征,用现代的理论对民族传统体育中一些古老的命题进行诊释,赋予其新的内涵,使其富有新的意义,再结合现代体育的组织形式,不断整合民族传统体育内容,既要注重民族传统体育的民族性,又要注重其传承与发展的世界性,使其真正走上世界舞台,实现其真正意义上的复兴。①

(二)加强高校民族传统体育课程建设

学校体育教育有两个非常重要的目标,一个是增强学生体质水平,另一个是培养学生"终身体育"的观念和意识,这两个方面缺一不可。因此,对于民族传统体育教育而言,要始终贯彻"终身体育"的理念,在此基础上加强民族传统体育课程的建设。

调查发现,当前我国大多数高校的体育课都存在着年限较短的问题,为解决这一难题,各学校可结合本校的具体实际,在适当延长大学本科体育课年限的基础上,对高年级的学生采用必选课的形式进行教学,并以学分制的办法进行管理。另外,还可以建设体育健身俱乐部,吸引学生参与健身锻炼,在具体的实践中掌握锻炼方法,提高动作技能。除此之外,学校还可以结合本地的特色及学习具体实际,挖掘具有地方特色的少数民族体育项目,形成自己的特色教学,激发学生学习的乐趣,这对于我国民族传统体育的传承与发展是十分有帮助的。

---

① 毛骥.全球化浪潮下民族传统体育的生存与发展之道[J].贵州民族学院学报,2003(4).

(三)加强高校民族传统体育教材建设

对于学校教育而言,教材作为师生沟通的桥梁,在其中扮演着十分重要的角色。对于民族传统体育教育而言,教材可以说是其重要的基础。加强民族传统体育教材的建设,创编优秀民族传统体育系列教材,有利于我国民族传统体育文化的传承和发展。国家教委、体育总局组织专家在编写全国统一的普通高校民族传统体育教材,创编大学民族传统体育系列教材的同时,也要考虑做好中小学民族传统体育教材,使之更加科学化和系统化。具体而言,我们可以做好以下几个方面的工作。

第一,民族传统体育内容的编写要力求创新,攻防套路要精简,武术理论要完善,增加武德教育、传统文化教育,以及健身机理等理论内容。

第二,引进具有地方特色的民族传统体育项目。

第三,编写民族传统体育双语教材,供世界各国的留学生和华侨生学习,促进东西方文化交流,提升我国民族传统体育在世界上的影响力。

(四)加强民族传统体育人才的培养

人才在事物发展的过程中扮演着十分重要的角色,可以说,21世纪最重要的是人才。调查发现,当前我国的民族传统体育教育面临着人才匮乏的局面,这对于我国民族传统体育的发展是十分不利的。

为更好地推动我国民族传统体育的发展,政府及各地区相关部门要制定相应的人才发展战略,有计划地培养一大批民族传统体育干部、体育骨干和体育教师。具体而言,要采取多渠道、多形式的方法培养高素质的民族传统体育人才,逐步扩大高等体育院校招收民族学生的名额,或开设民族传统体育班;也可通过地区师范学校和业余体校培养少数民族传统体育人才,构建一个健全和完善的民族传统体育人才培养体系,为我国培养出大量的民族传统体育人才。

第四节　我国典型民族传统体育运动项目的发展

一、太极拳

(一)太极拳发展中存在的问题

1. 重技术轻文化

与其他民族传统体育项目相比,太极拳可以说在国内国外都有着较大的影响力,近些年来也获得了不错的发展。但需要注意的是,在太极拳对外传播的过程中,人们熟知或学习的大都是太极拳法,对其历史、文化以及内涵知之甚少,存在着重"形式",轻"意义",重"技术",轻"文化"的现象。长远来看,这种情况是不容乐观的,会制约太极拳文化的长远发展。

2. 师资力量薄弱,综合素质不高

师资力量薄弱也是制约和影响太极拳发展的一个非常重要的因素,目前来看,大多数太极拳教练的综合素质发展不平衡,文化素质相对较低,对于太极拳的国际化传播是十分不利的。

太极拳的发展离不开理论与实践两个方面。目前,太极拳教学团队中有一些太极拳技术很好的人,但也有一些技术不是很好的人,其中很大一部分是非专业人员并且来自民间,他们迫于生活的压力从事太极拳教学。[1] 因此,他们的专业素质与专业教练的标准之间还存在着一定的差距。而那些从国内专门培养的专业太极拳教练,在教学过程中,由于受到语言方面的限制,对太极拳的理解和讲解会有所偏差,这就导致授课的效果不甚理想,教

---

[1] 肖小金.太极拳的国际传播路径研究[D].武汉体育学院,2014.

第七章 体育之特色——民族传统体育文化发展审视

学效果也不佳。因此,为促进我国太极拳文化的国际化传播必须要加强师资力量建设,提升太极拳教师的综合素养。

3. 组织宣传机构不够完善,资金保障欠缺

要想做好太极拳文化的传播与发展,仅凭个人的力量是无法完成的,这需要建立一个健全和完善的太极拳组织机构。在组织机构专业人员的带领下,加快太极拳文化的国际推广才是正确的道路。

目前,社会上还存在一部分未被国家体育管理部门承认的国际太极拳组织,这些组织机构的地位不是很高,具有完善组织机构的协会也不多,经费保障较为欠缺,各组织机构之间关系松散,统一的规划与协理也较为缺乏,这都是制约太极拳国际化传播的重要因素。

4. 太极拳的传播受制于对其诠释的深度

太极拳历史悠久,有着丰富的文化内涵,其在传播与发展的过程中,许多传播者将它解释得过于深奥,这无疑增加了国际友人学习太极拳的难度。因此,必须要想办法解决这一问题。

调查发现,社会上有近三分之二的人表示想学习太极拳法,有不到三分之一的人想学习太极文化,只有很少一部分人想学习太极拳理。需要强调的是,在太极拳的传播过程中,如果对太极拳诠释得太深,对于太极拳的传播是不利的。比如,受众最想学习太极拳法,但是传播者在教授的过程中诠释得过深,这样就会对受众学习的兴趣产生不利影响。鉴于此,就要求在传播和推广太极拳时,要尽可能用简单明了的语言来解释和说明,让人们看得懂,这样才有利于其传播与发展。

(二)太极拳发展对策

1. 促进太极拳的产业化发展

太极拳属于我国传统体育的重要内容,有着非常大的发展潜

力。为适应现代体育运动发展的要求,太极拳也应与时俱进走上职业化与产业化发展的道路,争取形成一个浓厚的文化氛围,这对于太极拳文化的发展大有裨益。总体而言,太极拳的职业化与产业化发展可以从以下几个方面进行。

(1)找准太极拳产业发展的市场定位

目前,我国太极拳产业的发展存在着不少问题,其中定位问题是其中一个重要的方面。一是定位比较模糊,仅仅只重视了太极拳"强身健体"的功能,而没有看到其他;二是定位不当,认为太极拳是老年人的运动。在当前市场竞争条件下,任何产业的发展都需要进行一定的产品包装,要满足消费者的需要,这样才能获得发展。

以印度的瑜伽作为对比,目前瑜伽在世界上的影响力非常广泛,传播到世界各个角落,习练瑜伽的人非常之多,这与我国太极拳的发展形成了鲜明的对比。之所以产生这种局面,主要是因为我国的太极拳没有找准自己的定位,没有充分认识到自身的价值或者让世界各国人民认识到太极拳的价值,这需要引起重视。由此可见,要想促进太极拳产业的发展,除了向世人展示太极拳健身养生的功效外,还要加强与市场经济的结合,找准自身的定位,这样才有利于其传播与发展。

(2)太极拳产业的发展与现代媒体相结合

①加强太极拳与媒体的结合,争取实现"双赢"。

目前,科学技术得到了高度的发展,其在很大程度上改变了人们原有的生活方式,人们足不出户就能通过互联网知晓天下事。因此,要想推动太极拳文化在世界范围内的传播与发展,就必须要充分利用好现代化媒体这一手段。太极拳要与媒体充分结合起来,提高太极拳的娱乐性和竞技性,吸引大众的目光,激发其参与的积极性,这样才能开拓太极拳市场。

②国际化是太极拳项目开拓市场的主要途径。

在当今市场经济条件下,某种产品要想获得进一步发展,必须要走产品创新和市场创新的道路,这是市场发展的必然和要

第七章 体育之特色——民族传统体育文化发展审视

求。除此之外,产品市场的发展还要开拓海外市场,走上国际化发展的道路。对于太极拳而言,在不断提高其国际影响力的基础上,要借鉴其他体育产业的发展模式,不断开拓太极拳产业市场,走出一条适合自身发展的特色化道路。

(3) 提高太极拳运动的观赏性

在当前西方竞技体育发展的冲击下,我国的体育产业,尤其是传统体育方面面临着巨大的挑战,任何一个产业要想获得发展就需要接受市场的"检阅",走市场化发展的道路。在市场经济条件下,太极拳作为一种产业,不仅担负着增强人民体质的责任,同时还具有文化娱乐的功能。因此,要想提升太极拳产业的市场竞争力,就必须要提高太极拳的观赏性,激发人们参与的兴趣。

提高太极拳比赛的观赏性也是太极拳产业化发展的基本要求,市场经济体制的优点在于优化资源配置,调节市场供求,提高产业经营者的经营管理水平。太极拳产业要想获得健康持续的发展,就必须要顺应时代发展的潮流,按市场经济的要求行事,促使各种资源得到合理的配置与利用,正确获得大众的青睐,吸引大量的消费者参与太极拳消费。

(4) 结合实际对太极拳动作进行改造

一般情况下,一个产品的周期分为导入期、成长期、成熟期和衰亡期四个阶段,这四个阶段缺一不可,都对产品的发展具有重要的影响。对于太极拳而言,同样也有自己的市场生命周期。要想促进太极拳产业的进一步发展,就必须要借鉴其他优秀体育产业发展的模式,改造太极拳技术动作以适应现代经济市场的需求,只有与时俱进,加强太极拳的改革与创新,才能与时代发展相吻合,实现太极拳的可持续发展。

2. 加强太极拳的学科体系建设

我国太极拳有着悠久的历史,其中融合了儒家、道家、佛家等诸多思想体系,另外与军事、医学等也有着一定的关系。由此可见,太极拳有着丰富的理论体系,但目前一个现实情况是我国太极拳学科理论体系的建设还很不完善,存在着不少问题,不利于我国太极拳文化的弘扬与发展。因此,为改变这一局面,就必须要加强太极拳课程建设,不断完善太极拳学科体系,推动太极拳文化在校园中的传播与发展。

(三)太极拳的国际化传播与发展

与其他传统体育项目相比,我国的太极拳在世界上的影响力比较广泛,可谓形成了一个比较知名的品牌。但需要注意的是,当前我国太极拳文化在国际化传播过程中也存在不少问题。

第一,太极拳术语的翻译不统一,其中有一些译名缺乏一定的权威性。

第二,太极拳的典籍、工具书等物质载体在国际上没有产生很大的影响力。

第三,太极拳的外语资料存在质量问题。

第四,网络上的太极拳资源(包括文字、音频、视频等)并不多,因此无法满足国外太极拳爱好者的锻炼需求。

因此,为促进我国太极拳的国际化传播,我们应结合当前太极拳的实际采取以下几个对策。

1. 提升太极拳文化传播主体的素养

太极拳文化的传播质量与传播效果在很大程度上会受到传播主体个人素质和专业水平的影响。受到各种因素的限制,具有跨文化能力的高素质人才并不多,目前海外的太极拳传播者在技法上的造诣比较深,传播技艺基本没有问题,但是还没有较好的能力传播太极拳文化,这就需要更高能力和素质的人才。

太极拳是中华民族传统文化的精髓,向海外传播的太极拳文化代表的是中华民族文化,为了使国外友人对太极拳文化乃至中国文化有好的印象,太极拳传播者必须承担起自己的职责,完成好自己肩负的传播任务,这对传播主体提出了较高的要求。传播者要对东西方文化都有一定的了解,综合能力要达到一定的水

第七章 体育之特色——民族传统体育文化发展审视

平,要能准确而深入地理解太极拳文化精髓,掌握丰富的太极拳文化知识,同时外语能力、交际能力也要达到一定的娴熟程度。因此,在太极拳文化传播中最大的障碍就是语言障碍,在太极拳文化的国际化传播中,首先就是要做好翻译工作。

由于多方面因素的限制,我国太极拳文化的传播者数量并不多,而且质量上也没有达到以上要求,传播队伍的整体素质不高。太极拳教练作为传播主体之一,虽然对太极拳技术掌握较好,但跨文化传播能力严重不足,在传播过程中也以基本技术为主,没有很好地推广更深层次的太极拳文化与精神。因此,对太极拳文化的专业传播者进行培养,提升现有传播主体的专业素质非常关键。此外,还要对太极拳国际传播相关组织机构提出更高的要求,使专业素质合格的组织与个体在传播中发挥主要力量,如此才能提升太极拳文化及中国文化在国际上的形象。此外,针对翻译不规范、不统一这个问题,应组织国外相关专家学者,对太极拳术语进行统一翻译,争取尽快做出具有权威性的界定。

2. 明确太极拳文化传播的对象

在太极拳国际化传播过程中,要对传播对象和群体有所明确,所有阶层的民众群体都是太极拳的学习者,在全球化的发展中必须高度重视太极拳的社会传播,把普通大众作为传播对象,才是太极拳在国际上传播的长久之计。培训对象着眼于广大的人民群众,扩大太极拳的受众群体,推广太极拳文化,提升国家和社会影响力。

3. 规范太极拳文化传播的内容

在太极拳文化的国际化传播中,传播内容因传播对象的不同而有区别,具体要传播什么样的内容,要依传播对象而定。例如,如果传播对象是中国传统文化的爱好者,那么就应该重点传播太极拳中蕴含的传统文化内涵,使传播对象了解博大精深的中国传统文化;如果传播对象是武术爱好者或运动员,那么就应该重点传播太极拳技法、套路等动态性内容。

传播对象的性别、年龄、受教育程度、兴趣爱好、文化背景等都会影响其对太极拳的需要,因此在太极拳文化的国际化传播中要从传播对象的这些特质出发来确定传播内容,满足不同对象的需求,只有真正做到这一点,才能避免传播的盲目性,从而提高传播的效率与实际效果。

4. 注重太极拳文化传播效果的反馈

我国太极拳文化的国际化传播还处于起步阶段,尚未形成成熟的传播机制,有很多突出的问题迫切需要解决,其中就包括"重信息输出,轻传播效果"这一问题。如果只是埋头传播,而不定期去理性地观察与分析传播效果,不总结反思,则无法进行可持续的传播,无法取得持久的传播效果。

因此,我们在传播与弘扬太极拳文化的过程中,要善于总结与反思,多收集一些反馈信息,及时对传播内容、策略做出调整与改进。传播是一个动态的过程,调整与改进是这个过程中必不可少的环节,只有不断传播,不断在反馈中改进,才能真正将太极拳文化的精髓与有价值的内容传播到世界各地,赢得世界人民的喜欢。

二、散打

(一)散打发展中存在的问题

1. 散打运动运行机制不完善

传统体育是我国体育事业的重要内容,近些年来国家加强了武术等传统体育方面的管理,进行了一些武术改革的尝试,但在具体操作的过程中,受经济、武术项目自身等因素的影响,当前我国的武术散打运动仍然缺乏一定的正规性,没有一个良好的运行机制,难以获得健康快速的发展。

2. 竞技武术散打运动活动开展的经费不足

武术散打是我国的一项传统武术,有着悠久的历史,在长期的发展中得到了人们的广泛认可,尽管我国各级体育部门加强了武术散打的宣传力度,进行了一定的改革,但还存在着严重的经费欠缺的问题,严重制约着我国武术散打运动的发展。据对我国武术散打赛事的调查,在近 40 支的比赛队伍中,具有独立赞助单位的参赛队伍仅有 7 家。相对于篮球、足球、羽毛球等项目而言,散打运动的经费严重不足,考虑到目前散打的这一境况,是很难纳入到奥运会项目之中的。另外,武术散打运动的造血功能也比较弱,自身难以获得理想的经济收益,因此发展的局限性较大。

3. 竞技武术散打的规则缺乏稳定性

体育赛事的发展离不开规则的完善与发展,当前我国武术散打运动的竞赛规则已经经历了多次的更改,虽然这有利于规则的完善化和规范化,但由于变化频率较快,使得运动员难以适应。需要注意的是,我国国内的散打竞赛规则与国际竞赛规则存在着不统一的情况,这会对运动员产生一定的误导作用,不利于武术散打向着规范化、合理化方向的发展。同时,从当前竞技武术散打运动体系来看,对散打技术的限制条件不足,导致在实际的散打竞技中,容易出现很多的违规情况,比如搂抱情况等,导致竞赛的节奏被打乱。通过对相关资料的查询显示,以及对多场赛事的分析,运动员违规使用摔法的次数超过 2000 次,抱缠的次数接近 3000 次,这些不良行为严重影响了散打运动的观赏度,致使大部分散打观众流失,对于散打赛事市场的扩大是非常不利的。

(二)散打发展对策

1. 发展定位——制定武术散打奥运发展规划

奥运会比赛项目带有明显的西方竞技体育的烙印,其中绝大部分项目都注重人与人的对抗,追求人体潜能的发掘,不断向自然界及人体的极限进行挑战,突出地表现为竞技性、技术性、审美性等特点;在理念上重精神、重名利;在观念上强调更快、更高、更强。而我国的武术散打,受传统文化的影响,在理念上讲究"天人合一",在比赛方式上讲究竞技性,从这一点上来看是适合进入奥运会的。因此,为推进我国传统体育进奥运的进程,我国政府应加大人力和物力的投入,尽快制订一套切实可行的散打申奥计划,使散打成为奥运大家庭中的一员。

2. 发展方向——繁荣武术散打竞赛市场

在美国,如今体育产业已成为国民经济的重要推动力量,体育产业的发展速度也明显高于一般产业,体育产业的发展受到高度重视。与美国等西方发达国家相比,我国体育产业的发展时间较短,武术散打产业也是如此。为改变这一局面,我们应鼓励社会各方力量参加武术散打竞赛市场和产品的开发,打造武术散打赛事的国际知名品牌,并加强与国际知名赛事的沟通与交流,不断推动武术散打的市场化发展。

3. 发展基石——促进武术散打进校园

通过各种武术散打赛事的举办能很好地宣传与推广我国的散打文化,表现在校园中,就是要定期举办全国高校武术散打比赛和全国中学生武术散打比赛,对取得优异成绩的学生给予适当加分和奖励。同时,还要结合具体实际进一步改进散打竞赛规则,以适应青少年学生的生理和心理特点。除此之外,还要加强学生的武德教育,塑造学生良好的自强、自立的品格,逐步改变社会对武术散打的偏见,让武术散打这一传统文化现象渗透进人们的生活之中,这样才有利于武术运动的可持续发展。

(三)散打的国际化传播与发展

散打可以说是我国传统体育与西方竞技体育接轨的最具有

第七章　体育之特色——民族传统体育文化发展审视

代表性的一项运动,在国际社会上都产生了一定的影响力。中国传统文化在新时期需要不断创新发展,冲破固有的思维模式,积极融合世界文化,为将来的发展铺设新的道路。对此,我们也应积极探索散打文化的国际化传播之路。

1. 规范散打国际化传播内容

总体而言,散打国际化传播的内容主要包括散打技术和中国传统文化以及散打运动中所蕴含的机智勇敢、顽强拼搏的精神。从目前的情况看,散打包含了专项理论、技术体系、教学训练体系、规则、服装、礼仪等内容,这都有待进一步完善。需要规范统一的内容重点是运动项目的名称术语、各种腿法的名称等。规范传播内容还需要创立品牌,充分利用明星效应做好散打品牌的宣传与推广。

2. 拓宽散打国际化传播途径

散打的国际化推广与发展可以说是一个艰难的过程,在这一过程中,存在着大量的有碍于散打传播的因素,这需要散打文化的传播者排除万难,实现更好的发展。目前,散打的传播途径和手段非常单一。出版物、电影、电视等媒介传播是主要的传播途径和方式,然而人们并没有充分利用目前最先进的传播媒介互联网,导致传播途径不够丰富,减弱了传播效果。

目前来看,我国散打国际化传播的主要途径主要包括互联网、电子出版物、电视,以及广播,当电子媒介成为传播途径和手段时,其他媒介也需要重视。要根据实际需要将散打外文教材、刊物及音像制品的编订、出版等工作做好,并且使中英文对照翻译得到进一步改善。

目前我国散打国际化传播的形式主要有:各类比赛、武术博览会、派外教以及论文研讨会、传统武术节、武术旅游节、国外设馆授徒等其他传播形式。

除了借助高水平的比赛作为传播、推广散打运动外,也可以借助其他形式多样的方式对散打进行推广和宣传,从而让散打为更多的人了解、认识和喜爱。

除此之外,为促进我国散打的国际化发展,还要继续为使散打成为奥运会正式比赛项目而努力,通过奥运会强大的宣传功能来对散打在全世界的发展进行积极的推广。

3. 推动散打赛事的国际化发展

散打这一项目具有强烈的对抗性和实用性,这与西方竞技体育项目有着共同之处。与其他搏击项目相比,散打运动的技击理念更丰富,击打形式更多样,这是散打运动自身的优势。在散打运动的发展及国际传播中,可将这一优势充分利用起来,举办具有特色的散打比赛,突出散打运动中蕴含的民族传统文化。选拔散打选手,不仅要看散打技艺,还要看其品德和素养,如果只是技艺好,但品格差,不能称之为是优秀的散打选手。这也是为了弘扬中华民族传统体育文化的教化功能,将提高技艺、培养品格及传播文化充分融合起来。

目前,我国举办了一些竞技性的散打赛事,对于宣传与推广散打运动发挥了重要的作用。举办散打竞赛不仅要突出散打的特征与优势,还要突出竞赛形式上的特色,如可以沿用中国传统武术竞赛中经常采用的一种独特竞赛形式——擂台赛。现在的散打比赛一味注重对西方格斗形式的模仿,不管是比赛形式还是比赛规则都是如此,长期下去,很容易出现散打技术形式也越来越接近西方格斗技术的现象,一味模仿必然导致散打运动失去本真面貌和自身优势,因此必须坚持自己的特点来举办散打竞赛。推动散打竞赛的国际化发展,需要注意以下几点。

第一,要保留散打运动原有的特性与优势,并依托本真的散打运动对中华民族传统文化进行传播,将武术的文化内涵充分彰显出来,如可以让选手穿带有中国元素的服装参加比赛,选手礼仪也要体现出东方美。

第二,设立一些有特色的比赛奖项,这样会增加比赛的"火药味",使比赛更具观赏性。

  第三,加强对散打赛事商业化运作的管理,促进散打赛事市场化运营机制的不断完善,使选手的经济收益得以保障,同时加快散打运动的职业化发展进程。这对于促进散打运动的传播具有重要的意义和作用。

第八章 新时期中国体育文化软实力的发展与提升

随着现代社会的不断发展,我国的综合国力得到了逐步提升,突出表现在社会各个层面,如政治、经济、体育等,其中我国的体育事业,尤其是竞技体育事业通过多年来的发展已步入世界先进行列。为推动我国体育事业的进一步发展,除了加强体育人才的培养、加强平时的运动训练外,还要努力提升体育文化的软实力,这才是长久发展之计。

第一节 体育文化软实力概述

一、体育文化软实力的概念

任何事物都是处于不断变化和发展之中的,一般来说,推动事物运动与发展的力量主要有两种:一种是客观存在的物质性力量;另一种是抽象的精神性力量。这两种力量共同推动着事物的快速发展。

在物质世界发展的过程中,决定物质运动方向的是不同物质间相互作用的合力方向,通常情况下,那些实力较强的物质会决定着事物发展的方向。与物质世界不同,虽然人类世界同样面临着一定的竞争,但经过长期的发展,人类已经形成和具备了一定的社会属性,这一社会属性是人类所特有的。正是在物质力量与

第八章 新时期中国体育文化软实力的发展与提升

精神力量的联合推动下,事物才能获得向前发展,整个人类社会也才得以不断发展。

综上所述,人类社会主要存在物质性力量和精神性力量两种,前一种是硬实力,后一种则是软实力。软实力的核心部分就是文化软实力。文化被人类所创造,而又无时无刻不对人的思想与行为产生影响,因此,文化软实力是一种非常巨大的力量,可以对竞争结果产生实际作用。

在自然界及人类社会中都存在着竞争,这是一种普遍现象。只有通过竞争,动物或者人类才能彰显自己的实力。一般来说,实力主要分硬实力和软实力两种,硬实力下的竞争通常具有强制性,软实力下的竞争则具有非强制性的特点,有一些"以德服人"的意味。但在具体的实践中,竞争通常都是残酷的,既有强制性的竞争又有非强制性的竞争,其目的都是获得胜利,实现某一个目标。但一般来说,软实力的竞争看上去比硬实力的竞争更为"高级"。

体育运动要想获得进一步发展,离不开竞争,竞争则要靠实力说话,上面我们已经分析到,实力主要包括体育硬实力和文化软实力两种。在体育竞争方面,其实力的高低既包括场馆器材、体育人口、经费投入、国民体质水平、竞赛成绩等硬实力的指标,也应包括一个国家的体育精神、体育道德风尚、体育价值观等文化软实力的发展。有些人认为,一个国家或地区的体育水平主要靠其硬实力,软实力则常常会被忽略,这种看法有失偏颇。实际上,一个国家的体育实力如何,要综合各方面来看,不仅要包括硬实力,还包括软实力。只有二者结合起来发展,才能得到其他国家的认同,才有较强的说服力。在竞技体育领域,软实力与硬实力是相互联系在一起的,二者缺一不可。如一场足球比赛,要想获得比赛的胜利,要求运动队必须要具备出色的身体素质和高超的技战术水平,但仅仅具有这两方面的素质还是不够的,还需要具备团结一致的集体主义精神和高昂的斗志,这样才能获得比赛的胜利。这就是硬实力与软实力结合的体现。

由此可见，在体育比赛中，软实力也发挥着至关重要的作用，并不是可有可无的。因此，作为一个运动队而言，一定要注重运动员的软实力建设。这种软实力能以无形的形式对运动员产生潜移默化的影响，促使运动员获得进步与发展，从而实现既定的发展目标。

一个国家的体育事业的发展水平，不仅包括竞技体育的硬实力水平，还要包括体育文化的软实力水平。体育文化软实力也是一个国家综合国力的重要体现，对于一个国家的发展起着非常重要的推动作用。体育文化是社会文化的重要内容，其中承载着一个国家的价值观念、精神属性、政策制度等内容，深深影响着国家其他层面的发展。因此，要想成为一个体育强国，就必须要加强体育文化软实力的建设，不能忽略了这一方面的发展。

二、体育文化软实力的来源

体育文化软实力的内涵主要包括精神与制度两个方面，这两个方面又涉及多方面的内容，如体育制度、体育精神等。这些内容大多处于体育文化的深层，是看不到、摸不着的，但能对整个体育文化的发展产生至关重要的影响。

人类社会的发展需要文化来维系，没有了文化，人类社会的发展就会变得举步维艰。文化在人类社会发展的过程中扮演着十分重要的角色。正是因为文化的存在，人与人之间才能实现和谐共处、共同发展。作为一种重要的文化形式，体育已成为人们日常生活中的重要内容，体育的触角深深渗透到社会各个层面，在一定程度上促进着社会的发展。体育运动能彰显出生命的活力，属于一种物质与精神的结合体，正因如此，体育文化才能不断向前发展。

体育文化具有一定的超越性特征，学者易剑东认为，体育文化具有重要的超越性特征，但这种超越不是简单意义上的超越，超越的内涵是非常广泛的，其中包括身体的超越、技

第八章　新时期中国体育文化软实力的发展与提升

的超越、训练方式的超越、体育设备的超越等,这些都是人类智慧的具体体现。[①] 除此之外,体育文化还具有广泛性与易接受性的特点,这使得体育文化能以很快的速度渗透与融合到人类社会之中,对整个人类社会的发展产生重要的影响。

目前,体育作为一种重要的文化现象对人类社会产生了重要的影响,甚至成为人们一种重要的生活方式,在平时的生活中无处不存在着体育运动的影子。通过参加各种各样的体育活动,人们的身心都能获得极大的享受,使人对生活充满了向往。随着时代的不断发展,人们对体育的需求也越来越旺盛,这说明体育运动的魅力巨大,正因如此,人们才能聚集在一起相互交流与切磋,从中获得了体育价值观和精神的认同感。这就是体育文化软实力的一个重要源头。

(一)体育文化软实力的特征

体育文化属于一种特殊的文化现象,其软实力特征虽然与其他主流文化的软实力特征有着一定的相似之处,但也有自己的不同之处。这些不同之处主要体现在以下几个方面。

1. 内隐性特征

一般来说,体育文化软实力主要包括精神与制度两个方面,正是因为这两个方面的发展才推动着体育文化软实力的不断增强与发展。体育文化的精神层面是其重要的核心内容,其对事物的施力过程是隐性的和潜移默化的,不容易被人们所察觉。体育文化软实力的展现是需要一定的载体的,这一载体主要是参与体育活动的人。在各种各样的体育赛事中,各国体育代表队都展示着国家的体育价值观、体育精神、体育道德等,这就是体育文化内隐性的具体表现。

各个国家或地区参与各项体育赛事,其中展现出了一定的体

---

① 易剑东. 体育文化学[M]. 北京:北京体育大学出版社,2006.

育精神与制度文化,这些文化要素对一个国家或地区的运动队能产生了深远的影响。这一影响是潜移默化的,并长期存在的,属于一个长期施力的过程。在这一过程之中,体育运动获得健康发展。与其他文化现象不同,体育文化突破了文字、语言等方面的限制,促使世界各国人民发生着沟通与交流,这是体育运动的一个重要优势所在,正因如此,体育文化的软实力才得以充分的发挥。

综上所述,体育文化软实力隐藏于体育文化的深层之中,它的整个施力过程是看不见的,表现出重要的内隐性特点,需要人们具备很高的文化意识和文化洞察力才能发现和体会。

2. 非强制性特征

与硬实力不同,文化软实力主要以相对柔软的力量,以非强制性的手段来维护和实现自己的利益。人们生活在世界上,普遍追求愉悦与平和,对暴力与强制比较反感,可以说,越是随意的和人性化的方式,越能让人心悦诚服。教育人的方式也最好具有这样的特点。人们在日常生活中会受到体育文化软实力潜移默化的影响,这一影响是深刻的、不容易消除的,具有一定的稳固性特点。由此可见,体育文化软实力的这种非强制性特征反而具有更加强烈的效应。

学者易剑东认为,体育文化具有强势的软实力,这一软实力主要通过促进人们的身心健康来体现,另外还通过体育文化反对、排斥那些非文明、反文明的体育形式来实现。[1] 由此可见,体育文化软实力对于体育运动、对于人类社会的发展都具有重要的意义。随着时代的不断发展,体育文化的内涵日益丰富,通过参加各种形式的体育活动,人们的各种需求都得到了一定的满足,这种以非强制性的方式来征服人的软实力比硬实力更加具有说服力,因此体育文化的硬实力和软实力同样重要,不要忽略了体

---

[1] 易剑东. 体育文化学[M]. 北京:北京体育大学出版社,2006.

第八章　新时期中国体育文化软实力的发展与提升

育文化软实力的发展。正因如此,体育文化软实力才在潜移默化中对整个人类社会文化产生影响,推动着社会的发展。

3. 吸引性特征

优秀文化普遍具有巨大的吸引力,正因如此,人类社会才会获得快速健康的发展。体育文化作为社会文化的一种,其自身的发展也具有较强的吸引力。

文化具有非常大的魅力,它是国家软实力的核心内容,对于整个社会的发展具有深远的影响和意义。作为文化软实力的一种形式,体育文化软实力,主要依靠文化吸引和精神感召,所以它能以情感人、以文化人。归根结底,软实力具有极强的文化魅力,深深吸引着人们的目光,推动着社会的不断发展。

体育运动具有很强的感染力,它除了具有增强人的体质的特点外,还能带给人们积极进取、乐观向上的精神,促进人们身体与心理的双重发展。如世界杯足球赛能吸引世界上广大球迷的目光,这不仅表现在观看体育比赛上,还表现在购买相关的体育产品等方面,由此可见体育运动的巨大魅力。这种魅力不仅仅体现在体育的外在形式方面,还体现在体育运动具有鲜明的价值观、道德观和体育精神等方面,表达着人们对美好事物的追求。总之,体育运动对人们产生了深深的吸引力,这就是体育文化的魅力所在。

4. 易接受性特征

体育文化是一种具有极强魅力的先进文化,深深吸引着人们的目光,受到人们的欢迎和喜爱。由此可见,体育文化软实力具有易接受性的特征。随着时代的不断发展,人们对体育的需求越来越旺盛,这些需求主要表现在身体发展、休闲娱乐等方面。通过参加体育活动,人们不仅能增强体质,还能获得心理的愉悦。在平时的生活中,人们可以结合自身的特点及爱好合理选择适合自己的体育运动项目,掌握正确的锻炼方法,从而促进自身素质的发展。体育又属于一种身体文化，拥有共同的身体语言，因此世界各国人民交流起来没有障碍，很容易获得传播与发展。

体育文化软实力在施力的过程中很容易得到客体的接受，这就使体育文化软实力具有很强的渗透能力和黏合能力，使不同体育文化在接触、交流过程中求同存异、相互融合。因此说，体育文化软实力是提升一个国家综合国力的重要手段，应该引起政府部门的高度重视，在平时要重视体育文化软实力的提升。

5. 扩散性特征

扩散性也是体育文化软实力一个非常重要的特征。随着现代社会的不断发展，人与人之间的竞争也更加激烈。在平时的生活、学习和工作中，人们普遍面临着巨大的压力，在这一压力之下，人的身心难以获得健康的发展，出现了各种疾病。另外，处于亚健康状态的人也越来越多，为改变这一不良现状，人们需要参加体育运动来扭转这一局面。体育运动具有多种多样的功能，如健身、休闲、娱乐等，人们在参加体育运动锻炼的过程中，能促进身心健康的发展，同时还能养成团结协作的集体主义精神，使自己很好地立足于社会之中，促进自身的完善与发展。

发展到现在，体育早已成为人们一种重要的生活方式，早已渗透到社会各个角落，在平时的生活中人们都不同程度地受到了体育文化的影响，这就是体育文化软实力扩散性特征的具体体现。

现代科学技术的发展为体育文化的传播提供了一个良好的平台和途径。如今，广播、电视、报纸、互联网等成为宣传与推广体育文化的重要途径，可以说，体育文化的传播几乎达到了无孔不入的境界，而体育文化的易接受性特点则确保了媒体传播有了足够多的受众。正是在这样的背景下，体育文化获得了非常快速的传播与发展。

(二)体育文化软实力的功能

1. 导向与动力功能

在体育文化发展的过程中,体育制度的建立、体育运动项目的发展等都要建立在一定的体育价值观基础之上。体育价值观和建立在价值观之上的体育精神、道德、发展模式等,不仅是体育文化软实力的基础与核心,而且指引着体育事业的发展和进步。

在人类社会发展的过程中,人们只有具备统一的核心价值观,才能形成统一的认识,凝聚一股精神力量,进而推动社会不断向前发展。核心价值观的形成与人的认识水平和社会背景有关联,随着社会变革和人们认知水平的改变,核心价值观是动态的,同时又在不同时期对人的实践行为产生重要的影响。

在人类社会发展的早期,人们对体育的认识仅仅停留在表面,只注意到了体育的健身价值,而忽略了其他方面的价值。随着社会的不断发展,人们的认识水平得以不断提升,在这样的背景下,体育多元化的价值也被人们充分挖掘出来。进入 21 世纪后,体育的价值更加多元化,以人为本的体育价值观在社会上占据着重要的地位。在这一价值观念下,体育文化的内涵也越来越丰富,对整个人类文化的发展起到了重要的作用。在我国独特的社会背景下,我国的体育文化呈现出鲜明的爱国主义、集体主义和英雄主义精神的特点,这与我国社会主义现代化建设的要求是相符的。在体育文化进一步发展的形势下,人们对体育的认知必将更加深刻,人文体育的理念也将更加深入人心。

发展至今,体育已成为人生不可或缺的一部分,成为人们的一种重要的生活方式。这种以人为本的价值观,使体育成为人们内心中的一股精神动力,推动着整个社会健康的向前发展。

2. 对内的凝聚功能

文化将不同的人凝聚在一起,从而产生强大的内部凝聚力,这是体育文化强大的凝聚功能的体现。

以上我们分析到,体育早已成为人们的普遍需求,逐渐成为人们日常生活中的重要一部分。体育越来越大众化和普及化,渗透进社会各个角落。人们参加体育活动的目的大多是强身健体和休闲娱乐,整个参与运动的过程中都充满了欢声笑语,属于一种自觉参与的行动,在这样的情况下,人们能获得很好的交流与认同感。这是体育凝聚力功能的重要表现。社会各个部门或机构也应认识到体育运动的这一凝聚功能,通过组织各种形式的体育活动来提高员工的凝聚力。对于学校教育而言,构建一个完善的学校体育文化体系也具有重要的作用,在浓厚的体育文化氛围下,学生能形成主人翁意识,为了学校及自身的发展而凝聚在一起不断努力。目前,社会上有很多企业或单位都通过组织体育活动来培养员工的认同感和凝聚力,并将体育文化活动视作企业文化的重要内容。对于国家而言,体育文化的凝聚力功能也得到了充分的发挥,如每当奥运会期间,中国体育代表团的发挥牵动着每一名中国人的心;每当五星红旗在国际大赛中升起,运动员或者观看比赛的国人都会肃然起敬,内心产生一种深深的民族自豪感。这种自豪感对人们凝聚功能的发挥具有十分重要的作用。

有很多体育运动项目都是集体项目,人们在参加这些体育比赛时,不仅能交流技艺,还能增进彼此间的友谊。体育的内部吸引力不仅可以使更多人参与到体育运动之中,推动体育运动发展,而且能使人们产生强大的内聚力,推动着国家和社会的前进与发展。

3. 对外渗透与征服人心的功能

随着科学技术的快速发展,人类社会出现了各种各样的现代化交通工具,人与人的距离逐渐被拉近,彼此之间的联系日益紧密。广播、电视、网络等媒体使世界各地的人们更加快速地了解到全球各地的体育比赛信息和体育比赛实况;各种体育书籍、报纸、杂志随时报道体育赛事信息,传播着体育思想与文化。体育

第八章　新时期中国体育文化软实力的发展与提升

文化具有很强的渗透力,对人们能产生极大的影响。

随着竞技体育的高度发展,各种大型体育赛事也随之增多,运动员在比赛中呈现出的竞技实力以及顽强拼搏、团结互助的精神都深深影响着每一个人,对人们的日常生活和处理各种工作问题也能产生积极的影响。反之,如果运动员在赛场上表现出消极比赛、破坏规则等行为,就会对人们产生一定的负面影响。由此可见,体育文化的软实力具有非常重要的作用,一定要重视这一方面的建设。需要注意的是,体育文化软实力的内涵是比较丰富的,其文化软实力也在一定程度上体现出一个国家或地区的训练水平和科技实力。

目前,每个国家都十分重视体育运动的发展,体育也成为一个国家综合国力的重要体现。对于一个国家而言,如果拥有大量的高质量的体育场馆、先进的体育设施、健全的体育组织、众多的参与人群等,就能在很大程度上提升国家形象,提升国家在世界上的影响力。各个国家都有自己的民族体育文化,这些文化都彰显出独特而丰富的内涵,深深吸引着国内外体育运动爱好者的目光,如中国的太极拳、日本的柔道、印度的瑜伽等在世界上都具备了一定的影响力。发展到现在,体育文化产业化发展步伐逐渐加快,出现了大量的体育文化产品,包括物质和精神两个方面产品,而通过各种现代媒体的传播与发展,体育文化的影响力越来越深远。

通过各种现代化的传播手段与途径,世界上各民族的体育文化得到了很好的沟通与交流。通过各国家间民族体育文化的融合与渗透,大量的体育运动内容及形式被世界各国人民接受和认可,从而获得了快速的发展。之所以如此,是因为这些体育运动都蕴含着丰富的价值观、审美观等内容,有着同样的体育语言。受这些体育思想、观念及精神的潜移默化的影响,人们的思维方式和行为习惯都得到了积极的转变,这是体育文化软实力征服人心的功能的重要体现。

4. 提高硬实力的功能

硬实力和软实力可以说是一个和谐发展的整体。体育文化的发展需要硬实力和软实力同时得到提升。因为硬实力是基础，软实力是保障。对于一个国家的体育文化而言，在发展的过程中既要重视硬实力的发展，又要重视软实力的发展，这是两个非常重要的方面。一般来说，一个国家体育文化的硬实力主要包括比赛成绩、大众体育发展程度、学校体育发展水平、体育产业发展水平等几个方面。这些硬实力对于一个国家的体育实力而言具有重要的意义。但我们在重视硬实力提升的同时，也不要忘了软实力的发展，体育价值观念、体育制度、体育精神等软实力是体育文化事业发展的重要保障，理应引起重视。体育文化软实力完全具有促进硬实力提升的功能。

早期我国实行的是举国体制，其策略是优先大力发展竞技体育，提升我国竞技体育在国际上的地位。在当时的时代背景下，这一战略发挥了非常重要的作用，我国的竞技体育实力在短时间内得到了迅速的提升，取得了非常优异的成绩。大量的事实表明，这一战略对我国竞技体育的发展产生了重要的推动作用，具有重要的历史意义。但随着体育运动的不断发展，举国体制的优势不再，这一体制已难以适应现代社会发展的要求，甚至在一定程度上制约着当前我国竞技体育的发展。这需要与时俱进的革新体育体制，实现体育与社会的同步发展。

一个国家的体育文化对整个社会的发展具有重大的推动作用。体育文化可为体育硬实力的发展提供各种有效的资源，从而推动体育事业乃至社会的发展。当前，西方体育文化就是以成熟的体育产业发展对外产生巨大的吸引力。西方体育文化以其巨大的影响力深深吸引着社会各界的目光，推动着世界体育文化的发展。

发展到现在，世界高水平体育赛事越来越多，令全球的体育爱好者如痴如醉，在各个体育项目中都诞生了众多的体育明星，如足球运动中的梅西、篮球运动中的詹姆斯、网球运动中的费德勒等成为广大体育迷崇拜的偶像。除此之外，体育产业市场也获得了快速的发展，一些体育运动品牌，如耐克、阿迪达斯等在世界上的影响力非常广泛，尽管这些品牌的价格相对昂贵，但也拥有

第八章　新时期中国体育文化软实力的发展与提升

众多的忠诚的消费群体。总之,西方体育文化以其极强的感染力和影响力深深吸引着人们的参与,影响着人们的日常生活。在今天,西方体育文化也同样深深影响着我国广大的人民群众。但需要注意的是,与国外相比,我国的体育文化产业还存在诸多不足,需要大力发展。

除此之外,掌握一定的体育话语权对于一个国家体育事业的发展具有重要的意义,我国在这一方面还比较欠缺,在与西方国家的体育竞争中处于劣势的局面。这也是我国体育文化软实力比较弱势的一个体现。受各种因素的影响,我国历来就不重视体育话语权的构建,体育人才的数量和质量都存在问题,使得我国体育在世界上的话语权不够,很难发挥出我国竞技体育的硬实力。而通过软实力来促进硬实力的发展则是一个重要的手段,这一点今后要引起重视。

5. 提升国家文化软实力的功能

体育文化软实力可以说是国家文化软实力的一部分。体育文化软实力的提升对于整个国家文化的发展具有重要的影响,这突出表现在体育文化影响人们日常生活的各个方面。

在全球一体化发展的今天,世界上各个国家之间的交往越来越频繁和密切,体育文化在其中也扮演了十分重要的角色。正是通过体育这一途径和手段,很多国家在世界上的影响力逐步加大。以中国为例,近些年来我国举办了各种类型的大型体育赛事,通过这些大型体育赛事的举办,我国的文化软实力得到了明显的提升。其中,最有代表性的便是2008年北京奥运会的成功举办。北京奥运会是一项盛大的全世界人类文化的盛会,在这一盛会上中国向世人展示了令人叹为观止的开幕式以及各种文艺表演,这些表演之中都深深蕴含着我国的传统文化,通过奥运会的举办,世界各国人民对我国的传统文化有了更加深刻的认识与了解。北京奥运会所提出的"绿色奥运、科技奥运、人文奥运"的理念也为世人留下了珍贵的文化遗产。2022年冬奥会将在我国的北京和张家口进行,2008年北京奥运会的成功经验将会成为这次冬奥会所借鉴的范本。

全球一体化趋势日益明显的今天,人类社会各个方面都加强了沟通与交流,从而获得不断发展。但在发展的过程中也充满了竞争,具体表现在经济、贸易、文化等各个方面。各个国家为争夺世界话语权,在各个层面都展开了激烈的竞争;为提高国家在世界上的竞争力,各国都通过各种手段和途径极力宣传本国的传统文化,积极向全世界推广自己的民族文化。

一个国家的发展主要包括硬实力的发展与软实力的发展两个方面,表现在体育方面也是如此。我国在发展传统体育的同时,除了加强各类体育项目竞技因素方面的发展外,还要重视其独特价值与功能的实现。也就是说,要重视这些体育项目的软实力发展,这样才有利于我国民族传统体育的国际化推广与发展。

中华民族传统文化博大精深,有着悠久的历史,如传统武术、太极拳、导引养生术等发展至今,在世界上也有了一定的影响力。这些项目充分展示了我国传统文化的内涵,对于我国体育文化软实力的提升具有重要的作用和意义。除了增强我国传统体育项目的竞技实力外,还要重视民族传统体育文化的产业化发展,努力向全世界传播中华文化,这对于我国体育文化软实力的提升具有非常大的帮助。

第二节 体育文化软实力的作用机制

一、体育文化软实力的作用对象

体育文化软实力的施力过程就是一些人通过某种体育文化为媒介达到对另一些人的影响作用。这一作用在各项体育文化事业发展中都得到了深刻的体现。随着现代科学技术的发展,多媒体教学手段得到了广泛的利用,极大地扩展了体育文化的影响范围,体育文化的影响力越来越大。

一般来说,体育文化的软实力作用指向主要包括对内和对外两个方面,对内指向本国或同一文化共同体内的人们,对外指向国外或文化共同体之外的人们。受不同历史传统、不同地域风俗、不同行为习惯等方面的影响,这两类人的知识结构存在着明显的差异,当他们接收不同的体育文化信息时,其选择与接纳的状况也有所不同,会对这些信息产生不同的刺激和反应,也就是说体育文化软实力对不同文化背景下的人群所产生的效应是不同的,存在着显著的差异。

二、体育文化软实力传递的途径

(一)体育文化交流

体育文化是人类社会不断发展的一种现象,它是一种以身体运动为媒介,较少存在政治、语言等障碍,并且易于人们交流的一种文化现象。随着时间的不断发展,体育文化的影响力越来越广泛,社会上各种官方和民间的体育交流活动为人们提供了展示体育文化的平台,通过这一平台人们不仅能交流技艺,还能增进彼此间的感情。因此,要扩大自己体育文化的影响力必须要提供大量体育交流的机会。可以说,体育文化交流就是体育文化软实力传递的一个重要途径。

(二)体育赛事

在现代社会中,体育赛事是最能吸引大众的事件。当今先进的交通与通信工具促使全球的体育赛事日益频繁,诸多的大型赛事有许多国家参加,就像打一场无硝烟的"世界大战"。代表各个国家的运动队在赛场上不仅展示自己国家的竞技运动实力,同时也展示自己的文化,特别是赛事举办国可以利用东道主的机会,以各种方式充分让世界了解本国的文化,增强本国文化的国际影响力。

(三)现代媒体

随着现代通信技术和互联网技术迅速发展,各种新闻媒体对于体育文化的传播更加频繁,尤其是电视和网络可以让体育赛事、表演以及各种活动及时地传播到全球的每一个角落。电视和网络可以让更多的人如临现场,从中深刻地领略到不同国家的体育文化,感受到体育运动中团结、友谊和积极向上的氛围。因此,体育文化要发挥其软实力的作用,现代新闻媒体是一个重要的途径。

(四)体育文化产业

当今,体育与经济的联系越来越紧密,经济以体育文化为手段达到赚钱的目的;体育文化则通过产业化得到更好的传播,体育产业成为现代社会传播体育文化的富有生命力的途径。体育文化产业的兴盛,不仅可以传播体育文化,更因为其符合当今社会的价值体系而不断衍生和扩大传播效果,形成一个个体育文化消费群落,进而对全社会的体育文化意识产生引导作用。这就是说,体育产业可以把国家核心价值观包装进有创意的产品之中,起到隐形的、潜移默化的传播作用。

三、体育文化软实力的作用机制

体育文化软实力的作用机制主要是由其工作系统的构成要素以及这些要素之间的内在联系所决定的,具体地说就是施力主体有效地开发利用体育文化软实力资源,通过一定的传播途径对作用对象的思想、感情和意识倾向施加影响并取得影响效果的过程。体育文化软实力施力过程的作用机制见图8-1。[1]

---

[1] 王建.体育文化软实力的作用机制[J].江西社会科学,2015,35(12):234-239.

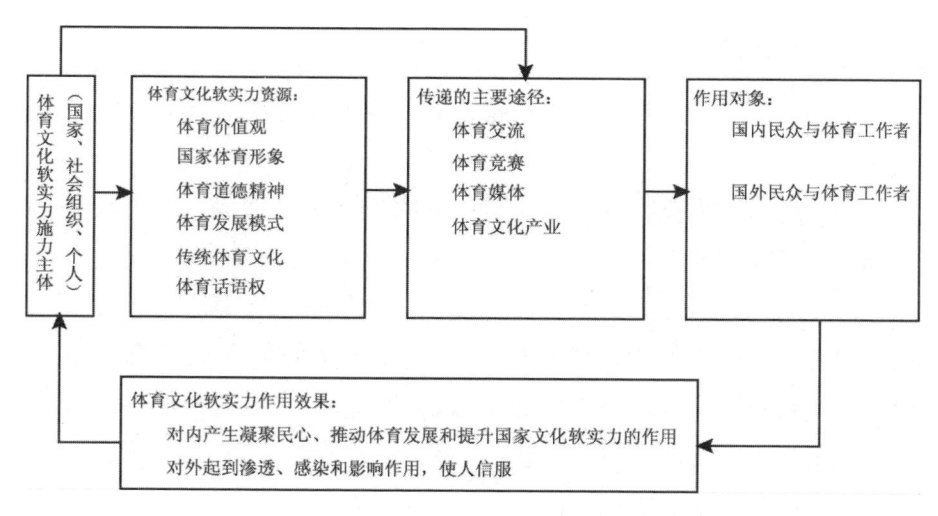

第八章 新时期中国体育文化软实力的发展与提升

图 8-1 体育文化软实力施力过程的作用机制

由图 8-1 我们可以看出,体育文化软实力的作用机制主要分为四个部分,即体育文化软实力资源;体育文化软实力传递途径;体育文化软实力的作用对象;体育文化软实力的作用效果。其中,体育文化软实力资源的内容涉及多个方面,要想提升体育文化的软实力,就必须要重点从建立正确的体育价值观和道德精神,发展中华民族的传统文化,构建中国体育的话语权等方面着手。在提升我国体育文化软实力的过程中要加强国与国之间的体育交流,通过多种体育媒体的弘扬与传播,努力促进我国体育文化产业的发展,最终实现对内产生凝聚力,对外起到文化渗透、使人信服的效果。

第三节 建立文化自觉与自信

全球不同国家有着不同的民族文化,这些文化是在不同的地理、气候和人文环境下产生的,正是由于这些丰富多样的文化才构成了全世界的人类文明。各民族创造出的文化都体现出本民族的鲜明特征,在文化的指引下,认可文化的人聚在一起,形成民族。文化可以说是一个国家或民族的符号、标志或象征,是一个国家的灵魂,其他任何事业的发展都要建立在文化基础之上。

体育文化属于文化的重要组成内容,每个国家、每个民族都有自己的特色体育文化。这些体育文化都是在独特的文化土壤中,在长期的历史长河中逐渐形成的,蕴含着一个国家、一个民族的深厚的文化要素,因此成为民族传统体育文化。民族传统体育经过各个历史时期的发展,最终才形成了如今这样一种体育活动方式,成为一种珍贵的民族遗产。它凝聚了各民族所有成员对民族起到重要的动员作用,推动着整个社会的发展。

体育文化作为社会文化的一种现象,易于为人们所接受,在全球范围内很容易进行传播。随着科学技术的不断发展,媒体更加发达,交通更加快捷,各国之间的距离越来越近,全球化是大势所趋,所以国与国之间的体育文化交流更加频繁,在交流的过程中,各国之间的体育文化相互碰撞与融合,极大地推动了世界体育文化的发展。

大量的事实与实践证明,一项事物要想获得发展就必须要经过宣传与推广,这样才能在短时间内、在较大的范围内被人们所广泛接受和认可。各个国家民族传统体育文化的传承与发展也是如此。我国民族传统体育历经各个时期的发展,透露出深厚的文化底蕴,弘扬与发展我国的民族体育文化对于提升我国在世界上的影响力具有重要的意义。

发展到现在,体育文化的传承受到各个国家及地区的高度重视,各个国家十分强调以传承本土文化为核心要素来发展本民族的体育文化。如今竞技体育的发展步伐非常迅速,为跟上时代发展的形势,各个国家都采取了有针对性的措施和手段促进本国体育事业的发展。但总体而言,如今的竞技体育主要以西方体育项目为主,西方体育占据主流地位,东方国家的体育则处于一个比较弱势的局面,由此可见全球体育文化生态并不平衡。为打破体

第八章 新时期中国体育文化软实力的发展与提升

育文化生态失衡的状况,很多国家都为此做了一些努力,但收效甚微。无论如何,体育全球一体化的趋势将更加明显。

在当今全球一体化发展的背景下,我们在吸收其他国家先进体育文化的同时,还要大力发展本民族的传统体育文化,不能忽略了任何一方面的发展。为跟上时代发展的潮流,世界上很多国家都对本国的传统体育文化进行了一定的革新与改良,其目的是便于向世界其他国家传播与发展。另外,学校体育也是促进民族传统体育发展的一个重要途径,通过学校体育教育,帮助学生建立和形成丰富的民族传统体育文化知识体系,让他们从小就受到民族传统体育文化的熏陶和洗礼,这对于我国民族传统体育文化的传播与弘扬的意义是非常深远的。

我国的民族传统体育文化有着极强的民族色彩,与西方竞技体育有着显著的差异,这主要是受我国地域特点、民族风俗等方面因素的影响。我国传统体育文化是由儒、释、道融合而成的整体,其中儒道对我国传统体育文化的诞生起到重要的影响作用。中华民族传统体育文化都始终倡导"天人合一""身心一元""各安天命、无为而治"等传统养生思想。正因如此,中华民族传统体育才呈现出与西方竞技体育不同的特色。

与西方竞技体育不同,中华民族传统体育的文化内涵独特而丰富,它主张对人的身体与精神的改造,促进"人性的升华",对生命意义的研究非常深刻,这一点是在长期的中国历史传统的影响下形成的。总的来看,中华民族传统体育更加注重对人的生命价值与意义的关注。

中华民族传统体育有着丰富而深刻的文化内涵,其中养生思想是其重要的内容,如气功、太极拳等都蕴藏着这一深厚的思想内容。在这一思想的指引下,参与体育锻炼的人能与周围环境融为一体,从而实现和谐与发展的目的。另外,民族传统体育的养生思想还具有一定的道德方面的价值,通过参加民族体育运动,能很好地调节人的心理素质,从而促进人的身心全面发展,这就为现代人的道德、心理、生理三维发展提供了一个健康模式。① 与西方的竞技体育相比,中华民族传统体育具有独特的优势,西方体育强调体育运动的外在表现,而中华民族传统体育更加注重深层次的内涵,主张在独特的人生价值观下进行活动,与现代社会健身的价值与理念是相符的,符合身心发展的理念与要求,因此大力传播与发展我国的民族传统体育很有必要,也很有意义。

中华民族传统体育的内容非常丰富,大部分运动项目都有着良好的健身价值,经常习练不仅能增强体质,还能提升人的意志品质,塑造人们完善的人格。当今社会是一个浮躁的社会,在这样的时代背景下,民族传统健身越来越展现出时代的价值。传统健身术具有的健身理念,展现出的人与自然、人与人和谐相处的世界观,对于世界体育文化的发展具有重要的推动作用。

当今世界处于一个全球一体化发展的时代,各个国家或地区的发展都是相互依赖、相互影响的。国家或民族文化如果想登上世界的舞台,就要有主动担当的意识,要深刻理解传统文化并亲身实践,只有如此才能更好地传承与弘扬我国的传统文化。大量的实践与事实表明,只有具备较强的文化软实力,一个国家的体育事业才能获得健康快速的发展。中华民族体育之所以能够长盛不衰,一直延续至今,与其自身具有良好的文化软实力是分不开的。但是,我们也应看到,在当前社会形势下,西方竞技体育占据着世界体育运动的话语权,对我国传统体育的发展形成了巨大的挑战,我国民族传统体育长期处于一个边缘化的境地,如果不采取必要的措施进行挽救,就有可能面临灭绝的风险。

为促进我国传统体育文化的传承与发展,我们必须要在今后重视民族传统体育软实力的提升,积极弘扬与传播我国的民族体育文化,提升我国传统体育的影响力和竞争力,将民族传统体育带入现代社会情境中去发展,赋予其全新的时代内涵,挖掘其崭新的价值,不断提升其在国际上的地位和影响力。目前,我国的

---

① 白天寅. 从中西人论的比较考察中华传统健身术的现代社会价值[J]. 北京体育大学学报,2004(5):612-614.

太极拳与散打在国际上具备了一定的影响力,其他民族传统体育也应借鉴其发展的经验,努力提升自身的软实力,进而增强与西方竞技体育的竞争力。

第四节　重建我国体育价值体系

在社会上,人们参加实践活动的主要目的就是为了生存与发展,只有如此才能使自身的需要得到满足,从而实现自身的价值。

价值观,是指人们在处理各种价值问题时所具有的立场、观点和态度。具体来说,价值观是指人对所有客观事物及对自己行为结果的意义、作用、效果和重要性的总体评价。价值观是推动、引导人采取行动的总体原则和标准,属于个性心理结构的一个核心因素。在价值观的引导下,能够使人的行为倾向保持稳定性。因此说,价值观是人们对客观事物好坏、真假等进行的判断,代表了一种标准和信念。人们必须要具有正确的价值观,才能处理好各种问题。

核心价值观可以说是一种稳定的人们需要长期遵循的基本价值准则。核心价值观会对整个社会的发展产生重要的影响。不管是什么社会制度,社会处于哪种发展时期,都有相应的核心价值观。如果一个国家和民族缺乏一种基本的核心价值观,那么这个国家和民族就难以形成强大的精神力量,难以获得快速而健康的发展。

在不同的实践领域,体育表现出不同的价值,这是体育文化的一个重要特性。在当今"全民健身"理念日益深入的背景下,体育价值更加散发出来,深深影响着人们的日常生活。

除此之外,当今我国社会主义市场经济的发展越来越开放,使得体育产业的发展也更加积极自主和具有创造性,在这样的背景下,体育价值本位由社会本位开始向人本位和社会本位结合发展。人文价值的回归使体育的功利性与人文性高度统一。

体育价值观具有一股强大的吸引力和凝聚力，推动着整个体育运动乃至人类社会的不断发展。因此说，体育核心价值观是体育文化软实力的重要来源，体育价值观在体育文化发展的过程中扮演着十分重要的角色。

总之，当代体育的价值非常多元化，这种价值并不是一成不变的，会随着时代的发展不断变化，但在某些阶段具有相对稳定性。所谓的体育核心价值观，是指对体育价值认识和态度起支配作用的理念，这一理念是不断更新的。

第五节　提升体育话语权

通过多年来的努力，我国社会经济水平日益提升，目前已成为世界第二大经济体，对整个世界都产生了重要的影响，这也使得我国在国际上有了更多的话语权。话语权，从字面意义来理解就是指国家、组织或个人发表看法、表达意向、声明主张、争取利益的资格与权力。如今，话语权已受到广泛的重视，不论是国家间的、组织间的还是人与人之间，都充分认识到获得话语权的重要性。对于一个国家而言，如何才能在世界舞台上拥有更多的话语权，如何让自己的话语更有说服力，受到各国家政府的高度重视。

话语权可以说是一种无形的权力，对于一个国家而言，掌握了话语权就等于拥有了发展的主动权。在当今全球一体化背景下，西方竞技体育掌握着明显的话语权，这在奥运会中得到了深刻的体现，绝大部分的体育项目都来自于西方世界，仅有少数的体育项目来自东方世界，如跆拳道、柔道等。可以说，西方国家的体育运动都占据着极为明显的优势，处于一个压倒性地位。这对于东方体育运动的发展是十分不利的。不仅如此，受此影响，世界上各种体育机构的组建也基本上遵循西方国家的价值观念来组建，处处彰显着西方体育的价值。如国际奥委会的成员大多数来自欧美国家，国际体育组织的总部大都设在欧洲。各单项运动项目联合会的主席、官员等也都来自于欧美国家。由此可见,西方国家拥有体育运动的绝对话语权。

在竞技体育发展的过程中,欧美国家利用他们所拥有的话语权不断改善竞技体育项目规则,这些规则的改善大都能满足他们的利益,在这些欧美国家所制定的"游戏规则"下参与竞争,对于东方国家是不公平的。虽然在最近几届的奥运会上我国体育代表团都取得了令人欣喜的成绩,每一届的金牌榜都名列前茅,甚至在2008年北京奥运会上借助东道主之利取得了金牌榜第一的伟大成就。尽管如此,我国仍然缺乏在国际上的体育话语权,尤其是表现在各类运动项目规则的制定上,都处于一个被动的局面。总之,在竞技体育不断发展的过程中,国家一定要重视话语权的争夺,这是竞技体育竞争不可缺少的一部分,对一个国家竞技体育实力的增强具有直接的影响。

一个国家要想具备充足的体育话语权,首先就要建立在强势的体育实力基础之上,如果没有强大的体育实力做保障,是很难获得体育话语权的。需要注意的是,并不是具有强大的体育实力就一定拥有强大的话语权。发展到现在,中国已经是一个体育大国,体育硬实力居于世界前列,但在体育话语权上却很薄弱。体育话语权作为体育文化软实力的一部分,是体育强国必须要有的内容。因此,我国在建设体育强国的道路上必须要重视这一问题,逐步增强我国体育在世界上的话语权。

第六节 发展体育文化产业

在现代社会中,社会为群众提供的文化产品主要包括两个方面:一方面是由财政和公益性基金支持所生产出来的公共文化产品,通常被称为文化事业;另一方面是由经营性部门为满足群众个性化文化消费需要所生产和提供的市场化非公共文化产品,通常被称为文化产业。这两种产品是当今文化的主流产业内容。

文化对于一个国家而言具有重要的意义,因此世界上各个国家都在大力发展自身的文化产业。文化产业自身具有很强的自我造血功能,具有很强的生命力,是社会生产文化产品的主要来源。一个国家或地区要想提升自身的文化软实力,必须要加强文化产业的发展。

在体育运动快速发展的今天,人们的体育需求也呈现出多样化与个性化的趋势。以往的传统体育产品已很难满足人们的需求,亟须体育产品生产企业加强改革与创新,设计出符合时代发展和满足人们心理需求的体育产品。

为满足广大体育消费者的消费需求,就必须要加强体育文化产业化的发展。体育文化产业是以体育文化为资源,向市场生产具有体育文化内涵的物质产品,其具有两方面的特征:一方面,它属于经营性行业,与体育文化事业同是体育文化建设的重要内容;另一方面,体育文化产业中的各种体育产品或服务都体现出丰富的体育文化内涵,二者同是体育文化产业的重要内容。

在体育文化产业发展的过程中,不要只一味地重视体育产品的设计与开发,还要重视承载这些产品之上的体育文化内容,如体育精神、体育理念等。如今体育服务性产业的发展非常迅速,这一产业涵盖体育健身、体育娱乐等多个方面,参与这一方面消费的群体不断壮大,作为体育企业而言,一定要引起重视,注重这一方面的发展。

伴随着现代社会的不断发展,体育文化产业必将成为推动一个国家文化软实力提升的重要手段。在当今社会背景下,体育文化产业的内容也越来越丰富,如体育杂志、体育转播、体育纪念品等都是非常常见的内容。另外,各种体育表演、体育比赛以及体育俱乐部的培训等也是体育文化产业中的重要内容,这些体育文化产业都能向人们传递深刻的体育精神、体育价值和体育观念,深深影响着体育运动的发展,也影响着整个人类社会的发展。由此可见,要想进一步提升我国体育文化的软实力,首先就要加强体育文化产业化的发展。

参考文献

[1]王岗.体育的文化真实[M].北京:北京体育大学出版社,2007.

[2]杨弢.中西方体育文化比较[M].北京:社会科学文献出版社,2008.

[3]卢元镇.中国体育文化纵横谈[M].北京:北京体育大学出版社,2005.

[4]易剑东.体育文化学[M].北京:北京体育大学出版社,2006.

[5][奥]康罗·洛伦兹.攻击与人性[M].吴月娇译.北京:作家出版社,1987.

[6]邓星华.体育文化传播与国家形象构建研究[M].北京:科学出版社,2019.

[7]姚重军.少数民族传统体育文化研究[M].北京:民族出版社,2004.

[8]王俊奇.中西方民俗体育文化[M].北京:北京体育大学出版社,2008.

[9]任海.奥林匹克运动[M].北京:人民体育出版社,2005.

[10]周兰芝.奥运:精美的文化盛宴[M].北京:中国人民公安大学出版社,2008.

[11]邱丕相.民族传统体育概论[M].北京:高等教育出版社,2008.

[12]张选惠.民族传统体育概论[M].北京:人民体育出版社,2005.

[13]章罗庚.校园体育文化导论[M].长沙:湖南大学出版社,2009.

[14]布特.体育文化生态系统研究[M].北京:科学出版社,2018.

[15]张岱年,方克立.中国文化概论[M].北京:北京师范大学出版社,1994.

[16]常乃军,王岗.20世纪的奥林匹克运动[M].北京:中华书局,2001.

[17]韩小东,赵意迎.顾拜旦体育思想初探[J].山东体育科技,2001(23):55-56+60.

[18]刘献伟.竞技武术散打运动发展现状与措施[J].当代体育科技,2018,8(28):182-183.

[19]张洪潭.体育大势简论[J].体育与科学,1997(1):45-46+54.

[20]张立新.浅析中国传统体育文化及当代竞技体育中的文化缺失[J].体育科技,2014,35(4):42-43.

[21]徐本力.世界体育在东西方的形成、发展与相互迁移[J].成都体院学报,1993(1):26-31.

[22]周盼.湖南省普通高校体育教学中体育文化建设的缺失和改进路径[D].湖南师范大学,2018.

[23]白晋湘.论中国民族传统体育文化与西方竞技体育文化的冲突与互补[J].北京体育大学学报,2003(5):295-296.

[24]曾志刚,彭勇.竞技体育文化的几点内涵探析[J],2006(2):53-55.

[25]邱江涛,熊焰.竞技体育文化特征探析[J].吉林师范大学学报(自然科学版),2004(3):99-101.

[26]张恳,李龙.我国现代竞技体育文化的特征[J].体育学刊,2010(8):30-32.

[27]李龙,陈中林.现代竞技体育文化的和谐内涵[J].体育学刊,2007(3):41-44.

[28]李秀.中国传统体育文化与西方竞技体育文化的对比研究[J].职业圈,2007(7):65-66.

[29]仇军,李杰.现代奥林匹克与奥林匹克文化思潮[J].体育科学,1997(17):24-26.

[30]程卫波,于军.体育价值的历史性考辨与理性选择[J].体育学刊,2009(11):19-22.

[31]庞建民,林德平,等.对竞技体育中异化现象的分析与研究[J].体育文化导刊,2007(1):47-49.

[32]袁海强.现代竞技体育的发展与代价研究[D].安徽师范大学,2005.

[33]周军,左新荣.论体育的社会功能[J].北京体育大学学报,2004(8):34-36.

[34]田麦久.试论我国竞技体育的科学发展与国际责任[J].武汉体育学院学报,2006(12):1-6.

[35]联合国开发计划署.1994年人类发展报告[M].北京:社会科学出版社,1996.

[36]衣俭英.论科学发展观视域下竞技体育文化的发展方向[D].吉林大学,2013.

[37]肖焕禹,陈玉忠.奥林匹克运动与人类社会和谐发展的新理念探析——解读北京奥运三大主题[J].上海体育学院学报,2003(1):10-14.

[38]白天寅.从中西人论的比较考察中华传统健身术的现代社会价值[J].北京体育大学学报,2004(5):612-614+669.

[39]张振峰.现代奥林匹克产生和发展的文化动因[J].管理工程师,2018,23(6):50-54.

[40]王建.体育文化软实力的作用机制[J].江西社会科学,2015,35(12):234-239.